汉语言文学
与人文素质教育研究

马学海 著

中国书籍出版社
China Book Press

图书在版编目(CIP)数据

汉语言文学与人文素质教育研究/马学海著.
北京:中国书籍出版社,2024.11.--ISBN 978-7
-5241-0086-7

Ⅰ.H193

中国国家版本馆 CIP 数据核字第 2024BG9038 号

汉语言文学与人文素质教育研究
马学海　著

策划编辑	成晓春
责任编辑	毕　磊
封面设计	守正文化
责任印制	孙马飞　马　芝
出版发行	中国书籍出版社
地　　址	北京市丰台区三路居路 97 号(邮编:100073)
电　　话	(010)52257143(总编室)　(010)52257140(发行部)
电子邮箱	eo@chinabp.com.cn
经　　销	全国新华书店
印　　刷	北京市怀柔新兴福利印刷厂
开　　本	710 毫米×1000 毫米　1/16
字　　数	248 千字
印　　张	10.5
版　　次	2025 年 5 月第 1 版
印　　次	2025 年 5 月第 1 次印刷
书　　号	ISBN 978-7-5241-0086-7
定　　价	76.00 元

版权所有　翻印必究

前言

汉语言文学作为传统文化的载体和传承者,对大学生的人文素质教育有着重要的影响和推动作用,因此是学生必须学习和了解的内容之一。通过学习中国古代的经典作品和优秀的文学作品,学生可以更好地了解中国传统文化的内容和精神,增强对传统文化的认可感和自豪感。通过对古代文学作品的研读,学生可以学习古人的智慧和思想,培养自身的批判性思维和创新能力。

汉语言文学与大学生人文素质教育是密不可分的,它对大学生的思想道德素质、艺术情操和审美能力等方面都具有重要的影响。随着社会的不断发展和进步,传统文化的传承和弘扬已成为一项重要的任务。大学生是国家的未来,他们的人文素质教育将决定着国家文化的未来发展走向。当前,加强人文素质教育已经成为我国高等教育改革与发展的基本方向。因此,教师应明确汉语言文学教学改革在渗透人文素质教育中的侧重点和关键点,通过强化人文素质教育的针对性,进一步提高汉语言文学的教学效果,帮助学生更好地成长与发展。同时应该在大学生人文素质教育中加强对汉语言文学的传承和教育,让学生在汉语言文学的熏陶下,增强文化自信,提升人文素质,为国家的文化事业作出更大的贡献。

在撰写本书的过程中,作者查阅和借鉴了大量的相关资料,在此向其作者表示诚挚的感谢。此外,本书的撰写也得到了相关专家和同行的支持与帮助,在此一并致谢。由于作者水平有限,加之时间仓促,书中难免出现纰漏,敬请广大读者批评指正。

目 录

第一章 汉语言文学概述 ························· 1
   第一节 汉字的基本知识 ······················ 1
   第二节 语言的基础知识 ······················ 6
   第三节 汉语的研究概述 ······················ 8

第二章 汉语言文学及其文化内涵 ··············· 11
   第一节 语言和语言学 ······················· 11
   第二节 汉语言的风格类型 ··················· 19
   第三节 汉语言的文学特征 ··················· 30

第三章 汉语言文学的相关研究 ················· 33
   第一节 汉语言文字研究 ····················· 33
   第二节 汉语言语音研究 ····················· 39
   第三节 汉语言词汇研究 ····················· 47
   第四节 汉语言语法研究 ····················· 58

第四章 汉语言文学的审美研究 ················· 66
   第一节 汉语的语言与审美功能 ··············· 66
   第二节 汉语的口语与审美特征 ··············· 80
   第三节 汉语文学创作与节律美 ··············· 99

第五章　人文素质教育的原则和方法 …………………………… 109
第一节　人文素质的基础知识 ………………………………… 109
第二节　人文素质教育的目标与内容 ………………………… 117
第三节　人文素质教育的原则 ………………………………… 123
第四节　人文素质教育的方法 ………………………………… 130

第六章　人文素质教育的价值与功能 …………………………… 135
第一节　人文素质教育的个体价值 …………………………… 135
第二节　人文素质教育的社会价值 …………………………… 139
第三节　人文素质教育的社会功能 …………………………… 141

第七章　汉语言文学与人文素质教育的深度融合 ……………… 145
第一节　汉语言文学中人文素质教育的重要性 ……………… 145
第二节　加大汉语言文学教育力度的举措 …………………… 146
第三节　汉语言文学与大学生人文素质教育的关系 ………… 148
第四节　人文素质教育与汉语言文学教学的融合及对策分析 …… 151

参考文献 …………………………………………………………… 157

第一章　汉语言文学概述

第一节　汉字的基本知识

汉字是世界上非常古老的文字,中国方块汉字——成熟的甲骨文字约于公元前 1300 年产生,其形体虽然历经复杂的演变,但仍保持了自身严谨的结构规律和完整的系统性,直到现在还具有蓬勃旺盛的生命力。

汉字不仅作为记录汉语的符号系统发挥着有声语言辅助交际工具的作用,还作为一种造型艺术——汉字书法在世界各地深受欢迎。它被称为无言之诗、无形之舞、无图之画、无声之乐,2008 年 6 月被列入国家级非物质文化遗产名录。

一、汉字的定义

文字作为记录语言的符号,由形式(包括形体与语音)和内容两个部分组成。汉字是记录汉语的书写符号系统,是由方块汉字与语音及其相对应的意义构成的形、音、义的统一体。

二、汉字名称的演变

先秦时代,使用"文""字""书""名""书契"等概念。

从秦朝推行"书同文字"开始,"文"与"字"并列连用,一直延续使用到近代。近代外国文字大规模地传播到中国,为了加以区别,开始把中国的文字叫"中国文字"。

现代开始统一使用"汉字"这一概念。

三、汉字的性质

关于汉字的性质,有几种不同的看法,如表意文字、意音文字、语素一音节文字(或语词一音节文字)等。目前,大多数观点认为汉字是意音文字。

四、汉字的特点

汉字的特点主要有以下两种。

(一)汉字是形、音、义的统一体

几乎每个方块汉字都是一个独立的音节,绝大多数汉字也都具有特定的意义(少数汉字没有意义,如葡萄的"葡"和"萄"等),其意义或是词汇意义,或是语法意义,或是修辞等附加意义。

(二)汉字有较强的超时空性

(1)纵向的超时代性方面,汉字古今的一致性较强。古今汉字的结构方式和结构体系在本质上具有一致性,显示出超强的通贯古今的作用。

(2)横向的超空间方面,汉字具有沟通中国国内各个地域不同方言以及相关不同语系和不同语言的功能。

第一,对于不同方言,一般认为汉语有北方方言、吴方言、湘方言、赣方言、闽北方言、闽南方言、客家方言、粤方言等八大方言,汉字可以完全摆脱这些不同方言地区的人在口头语言交际过程中的障碍,使书面语交际畅行无阻。

第二,中国是一个多民族国家,具有属于不同语系的多种语言,汉字在沟通各个民族书面语交际的过程中发挥了积极的作用,体现了超强的民族凝聚力和向心力。

然而汉字也存在着字数繁多、结构复杂、缺少完备的表音系统等局限,这些局限导致汉字在信息处理方面存在一定的困难。但是随着信息技术的发展,汉字的人机对话程度将会越来越高。

五、汉字的结构单位

汉字的结构由笔画、偏旁以及其他元素组成。其中,笔画由一系列的点、线组成,它们是汉字的基础,也是汉字的重要组成部分。除了"一""乙"这种一笔构成的汉字外,绝大多数的汉字都由许多不同的笔画构成,如"毛""手""王""都""郭""部"等。据统计,大部分汉字的笔画在6~12画,现代常用汉字的平均笔画在10画左右。

汉字的五种基本笔画点、横、竖、撇、捺构成了汉字的外观,"术"字是其中的典型。此外,由于运笔方向的变化,还衍生出了提、折、钩等三种笔形,"刁"字是其中的典型。现代汉字的结构由八种基本笔画组成,即点、横、竖、撇、捺、提、折、钩,每种基本笔画都有其特征,如钩、竖、斜、弯、卧等。以笔画为直接单位组合而成的汉字叫作独体字,其结构是一个整体,无法分开,如"人""手""毛""水""土""本""甘"等字。古代的象形字和指事字为独体字的起源,它们的笔画形状、结构以及排列方式各有特色,这使许多初学者难以掌握汉字的基本结构。尽管独体字的使用率较低,但它们仍然扮演着极其重要的角色,它们绝大部分都是合体字的构成部件,构字能力极强。独体字可以说是汉字系统的核心,掌握这些常用的独体字后再学习其他汉字时难度会大幅降低。

偏旁是一个独立的结构,它通常由两个或两个以上的部件组成。它是与笔画相对应并且更大的构字单位。

现代汉字的偏旁最初也是一个独立的字,但经过长期的发展,一些偏旁的形态发生了巨大的变化,它们不再能够单独成为一个字,而是成为汉字系统中的重要组成部分。

现代汉字的偏旁有三种:表义偏旁、表音偏旁和记号偏旁。其中,表义偏旁代表一个汉字的语言结构,它们能够清晰地传达出该词语的含义,但并不能直接描述出该词语的实际含义。"表音"通常指的是那些能够清晰地传达出一个词语特征的偏旁。而"记号"则指的是那些不会影响词语的特征,但能够帮助人们识别词语含义的偏旁。记号偏旁的构建经历了多次演化，其中包括对表音偏旁和表义偏旁的改造。这些新的表音偏旁和表义偏旁之间的关系更加紧密，它们的笔画结构也更加简洁。因此，我们可以说，汉字的构建并非混沌，而是遵循一定的规则。现代汉字字典的编纂者利用汉字结构中的偏旁，将其进行分类组合，以此来区分不同的汉字，并且为了更好地查询，他们把每组偏旁称为部，这样可以帮助我们更加清晰地理解每个汉字，从而更好地记忆每一个汉字。

部首与偏旁有所区别，但它们都是字典中用来标记汉字的工具。偏旁是汉字的结构单位名称；偏旁包含部首，偏旁的范围要比部首大得多，二者不能等同。

合体字是由偏旁组成的汉字，在汉字系统中占据了大多数，它们的结构和形态都十分独特，具有重要的意义，大多来源于古代的会意字和形声字。偏旁与偏旁组成合体字，其组合方式有左右结构、上下结构、内外结构等几种情况。一个合体字的结构可能会有多种不同的形态，从"礴""蹼""飙""罐"等字可以看出，它们的结构层次不一，从第一层的左右结构，到第二层的上下结构，再到第三层的左右结构，最后来到第四层的上下结构，每一种结构都有其特点。

六、汉字的起源与形成

(一)汉字起源

汉字起源的确切年代目前还不能断定，但根据考古发掘出来的材料以及专家们的推断，汉字至少在五六千年以前就已产生。

1. 汉字诸种起源说

关于汉字的起源有仓颉造字说、结绳成字说、八卦成文说，但关于汉字起源的这三种说法都经不住仔细推敲。虽然关于汉字起源的这三种说法目前还没有科学依据，但这些汉字起源传说已经成为汉字文化的一部分，甚至成为旅游景观文化的一个重要内容。

2. 汉字起源于图画与刻画

汉字大体来源于两个系统：一是图画系统，二是刻画系统。因此可以说汉字起源以图画系统为主，以刻画系统为辅。

(二)汉字形成的主要历史阶段

汉字形成之前，人类经历了长期的实物记事时期，大致经历了从结绳、契刻到图画与图画性"表意符号"的过程，其产生以及发展大致可分为三个时期。

1. 原始的汉字

新石器时代晚期文化遗址——西安半坡遗址出土的陶器刻画记号，被视为中国原始文字起源的标志，或者说是中国原始文字的孑遗。

系统汉字的产生要晚一些，但从大量的考古材料来看，也不会晚于原始社会末期。

2. 初级的汉字系统

20世纪30年代，在山东莒县、章丘及河南登封等龙山文化遗址中陆续发现了大量陶片，上面的各种书写符号，有不少已被公认为文字，而这些文字又是在不同的地点出现的，由此可以认为，龙山文化时期大概已有了初级的汉字系统，大约在距今4000年以前。

3. 成熟的汉字系统——甲骨文

甲骨文是成熟的汉字系统，是商朝晚期的文字，距今已有3000多年的历史。从比较成熟的甲骨文字系统溯源上推测，汉字的产生与形成至少有五六千年的历史。

处在萌芽期的原始汉字是分散的，经过漫长的发展，图形或符号同语言中的词逐渐一致起来，作为逐步成熟的汉字系统开始用于记录汉语。

3000多年前的甲骨文已经是相当成熟的文字体系了。在数千年的发展进程中，汉字虽然经历了复杂的形体演变，但仍保持了自身严谨的结构规律和完整的系统性。

第二节　语言的基础知识

要想学习现代汉语，首先就要了解什么是语言。

有人认为，语言就是我们说的话。这个观点虽然有一定的道理，但是并不准确。这个观点只考虑了语言在日常生活、工作中的运用与人类的联系，并没有从根本上回答"什么是语言"这个关键问题。我们应从社会功能和内部结构这两个不同的角度来观察、认识语言的概念。

在社会中，语言被认为是人们进行有效沟通的关键工具。人类是高度社会化的动物，在社会生活中需要相互沟通、交流思想。因此，人类在劳动过程中创造了语言，并将语言作为表达和接受思想的工具。语言是人类交流的基础，它能够建立起彼此之间的信任和理解，使得我们的社会更加和谐。

语言是人类思考的基础，它们构成了我们的思考方式。虽然人类的语言多种多样，但是人类的思维形式一定会与某种语言形式相联系。因为思维离不开具体的概念，其必须在概念的基础上进行判断、推理以及综合分析，必然会运用与概念相联系的语言。由此可见，思维活动以及思维活动成果的传递和表达都离不开语言，哪里有思维活动，哪里就有语言。

社会是一个复杂的系统，由经济基础和上层建筑组成整体，语言是社会发展的产物。语言的发展受到社会的影响，它既可以在特定的时期出现，也可以在不同的时期发展，甚至可能在某一时期消失。总而言之，语言与人类社会息息相关，无论社会怎样变化，都能够通过语言表达出来。可以说，语言的本质特性就是社会性。语言的社会性体现在以下四个方面。

第一，每一个民族都拥有自己独特的语言。这些语言可以作为一种象征，用于传递信息和思想，每一个民族都会根据自己的文化背景和习俗，创造出独特的语言。语言是由一个民族的成员集体创造的，该民族的全体成员在人际交往的过程中应共同遵守其使用规范。

第二,同一个民族的语言具有不同的地方色彩。例如,现代汉语中的湘方言、粤方言、闽方言、吴方言等具有不同的特点,尤其是语音的差别,只能从社会角度加以解释。

第三,语言是一种不断演进的工具,它的发展与社会的进步密不可分。不具有社会性的事物不可能对社会的变化与发展这样敏感。例如,随着电视、电影、电脑、光盘这些事物的出现,语言中也相应地增加了"电视""电影""计算机""光盘"这些新词以适应社会需求;而山峦、河流、植物等事物则不会因社会发展而主动作出改变。

第四,虽然人类具有使用语言的能力,但是人类必须经过学习才能掌握某种语言。语言的习得与社会密切相关,如一个在美国长大的中国人能熟练地运用英语,一个在中国长大的非洲孩子能熟练地运用汉语就是由社会环境造成的。

从构成特点来看,语言是一套音义结合的符号系统。符号可以被视为一个人或组织的象征,它们可以用来描述一个人或组织的特征,也可以视为被某一社会的一部分所广泛接受。

符号必须具备三个条件:一是具有外在的形式。符号只有具有外在的形式才能让人感知到它的存在,如声音、色彩、线条等。二是代表一定的意义。符号只有在代表一定的意义时才有存在价值。三是得到社会成员的认可和接受。符号只有在得到所有社会成员认可的情况下才能传播开来,才能在全社会中广泛使用。例如,教师在学生的作业本上打一个"√"表示正确,打一个"×"表示错误,此时的"√""×"具备符号的三个构成条件,是真正意义上的符号;学生在教科书上随意画的"√""×",由于不具备符号的三个构成条件,不属于符号。

第一,语言符号的本质是由声音组成的,它们的表达方式是通过发出的声音来传达信息。第二,一般的语言符号通常由一系列的元素组成,这些元素包含了许多独特的信息。第三,由于一般的符号结构较为简单,它们仅能传递有限的信息,并且这些信息往往是相对稳定的。例如,现代社会中,交通信号灯的颜色各不相同,红灯代表着停止前进,绿灯代表着可以继续通行;古代战场上,击鼓代表着进攻,鸣金代表着撤退,而在烽火台上点燃篝火则暗示着敌人正在接近;现代军营中,号角也被用来提醒士兵们起床、休息。语言是一种有力的工具,它能够传递各种信息和情感。第四,语言符号拥有创造性的生产过程,可以通过简单的形式来表达复杂的概念,并且可以创造出新的结构,具有自主性和开放性,可以由较少的单位组合成较多的甚至无穷的单位,还可以由一个句型类推出无数的句子,这也是我们能够通过学习来掌握一门语言的原因。

根据上述内容,我们可以总结出:语言是人类最重要的交际工具和思维工具,是社会成员共同约定创造的、音义结合的符号系统,是人类社会特有的现象,是高度社会化的产物。

人类可以通过两种方式运用语言,一是声音形式,二是书面形式。口语和书面语都是语言存在的具体形式。

第三节 汉语的研究概述

一、汉语的历史

关于汉语的"年龄",早期的观点认为汉语有 3400 多岁,这种观点的依据是甲骨文。甲骨文是中国古代文字的重要组成部分,它源自商代后期,当时的王室在龟甲和兽骨上刻制文字,用于占卜或记录历史,它是中国古代文字中最古老、最完备的文字,具有悠久的历史传承和重要的文化价值。语言的出现肯定先于文字,最新的观点认为汉语有 5000 至 6000 岁了,这种观点的依据是河南郑州小双桥遗址、西安半坡遗址、临潼姜寨遗址、大汶口遗址出土的陶器上刻有一些数字和单字。国家重点研究课题"夏商周断代工程"公布的一些研究成果也说明中华文明已经有 5000 多年的历史。

将汉语与世界上的其他语言进行比较,我们更能感受到汉语的伟大。联合国共有6种主要的语言,包括英语、法语、俄语、汉语、西班牙语和阿拉伯语。大约在公元5世纪中叶,有3个日耳曼部族入侵英格兰,这3个部族的方言逐渐融合在一起,形成了古英语。这样算来,英语的历史大约有1500年。法国曾受罗马帝国管辖,当时的法国人说凯尔特语,而罗马人说拉丁语,在长期的交往过程中,两种语言逐渐融合,形成一种混合性语言。公元939年,这种混合语言成为法国唯一的官方语言。这样算来,法语的历史大约有1100年。9至13世纪,摩尔人侵略并占领了西班牙,当时居住于西班牙东北地区的人开始使用一种平民间沟通的方言,这就是现代西班牙语的源头。西班牙王国后,由于居民人种复杂,需要一种所有居民都能够使用的语言,于是西班牙语最终成为全民通用的交际语言。这样算来,西班牙语的历史大约有1000年。阿拉伯语的历史相对来说比较长久,大约有2500年。俄语属于东斯拉夫语言家族,15至16世纪,古俄语分裂成俄语、乌克兰语和白俄罗斯语,这样算来,俄语的历史只有500年左右。通过上述比较可以看出,在如今世界范围内的几种主要语言中,汉语的历史最为悠久。

在世界语言的历史中,曾经存在过同汉语一样古老甚至比汉语更古老的语言,但它们最终都湮没在历史洪流中。5000多年前,古埃及象形文字出现,但是到公元纪年之后古埃及语就不再通行了。公元前4000年左右,苏美尔人创造了楔形文字,但公元前1763年,苏美尔人被古巴比伦王朝消灭,楔形文字也随之消亡。由此可见,汉语不仅历史悠久,而且久经考验,并始终保持着本色。因此,我们才说汉语是世界语言之林中唯一还"活着"(始终在使用)的最古老的语言。

二、汉语的地位

汉语是联合国的6种工作语言之一,是上海合作组织(Shanghai Cooperation Organization,SCO)的两种工作语言之一。在越来越多的国际会议中,如亚洲博鳌论坛(Boao Forum for Asia,BFA)、中非合作论坛(Forum on China Africa Cooperation,FOCAC)、环北部湾经济合作论坛、中国－加勒比经贸合作论坛等,汉语已被广泛认可作为会议的主要语言,这一点已经得到了充分的证实。汉语已经成为全球使用人数最多的语言,并且它的影响力还在不断增强。

第二章　汉语言文学及其文化内涵

第一节　语言和语言学

一、语言的本质

　　语言作为工具是有大量证据的,不能否认语言工具性的一面。从历史上来看,语言的确主要是起源于对"物"的命名。现实中,这种语言的命名性质仍然是普遍存在的。语言首先是词与物的关系,西方的一些语言哲学家为了证明语言与世界的同一性,认为所有的词都是思想的产物,如路德维希·维特根斯坦主张,只有当人们在行动中表明他们学会正确使用关于感觉的语词时,他们才能正确地分辨感觉。但语言绝不只是工具,正如马丁·海德格尔所说:"把语言定义为交流信息促进理解的工具……只不过指出了语言本质的一点效用。语言不仅仅是一种工具。"从层面上来说,语言的工具性主要在物质层面上是正确的,思想就很难用工具说来概括。这其实已经深刻地说明了语言与世界之间的两方面的关系:在人与物质世界的连接中,语言是媒介、工具;但在精神世界中,真理却是语言本身。

　　不能因为思想与现实的紧密关系而认为思想完全依附于现实。思想来源于现实世界,但思想积累到一定程度后就会变得具有自足性,不仅仅是世界影响思想,思想对人对世界的认识也具有制约性,这是现代解释学和自然科学充分证明了的。人的思想和信念其实就是语言,我们只有通过对语言的研究才能把握思想。语言的特征和功用最先指向物质世界,语词首先是代表事物,这是不能否定的,但语言绝不仅仅指向物质世界,更重要的是表征精神世界。有的词语并没有指向物质世界,但是对人来说,它更具有根本性,这种语言本身构成一个世界,对人有意义。所以,不能简单地根据语义分析就把一些"不能言说"的所谓"假"的表述排斥在哲学范围之外。

完全不承认语言的"器"的性质是错误的。语言既有"器"的性质,也有"道"的性质,既是形而下的,也是形而上的,这是两个不同的层面,否定其中任何一个层面都是片面的。20世纪学术所谓"哥白尼式的革命",与其说是语言"转向",还不如说是发现了语言的深层本质。语言不再只是"器",它也是"道",是世界观,是思想、思维本身。语言与思想、思维不再是分离的,而是一体的。这实际上是把语言上升到了本位,其意义是重大的,它开启了从语言学的角度对文化和文学进行深层研究的途径与方向。

语言以一种无形而强大的力量制约着人的思想观念和思维方式。中国古代在思想和思维方式上不同于西方,原因当然是多方面的,但语言系统的不同应该说是最深层的原因。在一个理解过程开始时,语言已经预先规定了文本和理解者双方的视域……文本在流传中形成的传统也以语言为其存在的历史方式,传统的范围是由语言给定的,理解者正是通过掌握语言接受了这个传统。因而,其所掌握的语言本身构成了基本的成见。所谓传统、成见,其实就是语言的规定性。

语言本身构成一个自足的世界,即语言世界或人的世界,它又大致可以划分为精神和物质两个方面。物质世界是固有的,但人通过命名把它纳入了人的语言世界,所以即使是在词与物的关系上,语言所表现的世界也不等于实际的世界,在与动物比较的意义上,这是一个具有强烈人文特征的世界。世界是按照我们划分它的方式而划分的,我们把事物划分开来的主要方式是运用语言。我们的现实就是我们的语言范畴。精神世界则完全是由语言创造出来的,它不像石头、树木那样是世界本身所固有的。所谓"飞马"的难题,其实是语言工具论的难题,用语言本质精神论就可以永远地解决困难,"飞马"不是物而是思想,是不一定要有实在对象的。"金山"也是这样,它是一种意象、一种思想、一种观念的对象。

语言一旦和思想联系在一起,就会超越它的本质,成为精神性的东西。语言如果还仅仅只是词与物的关系,它就和人的许多"产物"没有什么区别。所以,有观点认为,我们绝不能把语言看成与精神特性相隔绝的外在之物,当语言也表现出独立自主的创造性的时候,它就脱离了现象的领域,成为一种观念的、精神的存在……虽然我们可以把知性与语言区分开来,但这样的区别事实上是不存在的。我们有理由认为,语言属于某个更高的层次,它不是类同于其他精神造物的人类产品。所以,语言作为精神,具有自足性。

　　在深层的意义上,语言先于思想,正是接受了某种语言才有了某种思想,但这是不能用形象和简单的方式予以说明的。语言的确是工具,但这是在词与物的意义上而言的,而在思想意义上,语言则是一个精神系统。语言哲学上的原子论和整体论其实并不真正矛盾,二者在两个层次上是正确的——原子论是在物理的层次上,整体论是在思想的层次上。比如"民主"一词,作为单个的概念,它的意义是确切的,但放在整个古汉语中就不是很恰当,只有将其放在现代汉语中其意义才是完整的、深刻的。

　　既然语言是本体,人的世界就是语言的世界,精神世界本质上是由语言创造出来的,人的思维就是语言的过程,思想即语言。那么一个民族的很多秘密都隐藏在民族的语言中,民族的文化、精神、思想、思维方式从根本上都与民族的语言有着根本的内在关系,语言从深层的角度制约着民族的思想。人无法挣脱语言的控制,只能沿着语言规定的方向思考。所谓不同,只是在语言范围内的不同,人的自由是在语言限度内的自由。所以,语言是人的深层的本质,是人的首要的规定性。各种所谓文化、精神、世界、思维方式的不同,都可以归结为语言的不同。人类彼此最根本的隔绝是语言的隔绝,洪堡特最早清晰地认识到这一点,他说:"人们可以把语言看作一种世界观,也可以把语言看作一种联系思想的方式。"他认为语言与民族的精神力量有着内在的深刻的联系,"一个民族的精神特性和语言这两个方面的关系极为密切,不论我们从哪个方面入手,都可以从中推导出另一个方面……民族的语言即民族的精神,民族的精神即民族的语言,二者的统一程度超过了人们的任何想象。"个人通过语言形成世界观,每一种语言都包含着一种独特的世界观,每种语言都包含着属于某个人类群体的概念和想象方式的完整体系。民族的心灵存在于民族的语言中,民族的文明、文化和精神与民族的语言有着深刻的内在联系。

海德格尔等人则从哲学这一途径重新发现了这一事实。海德格尔认为,语言是存在的家,人诗意地栖居在语言所筑的家中。伽达默尔同意洪堡特的"语言是世界观"的命题,只不过阐释略有不同,他认为,"任何一个属于特定传统的世界,都是通过语言构造出来的世界,即一种特定的世界观或世界图式。""我们正是通过语言而拥有一个世界或一种对于世界的态度。""每个在特定的语言和文化传统中成长起来的人,当然是以一种不同于属于其他传统的人的方式来观察世界的。""无论我们使用什么语言,我们获得的不外是一个不断扩大的方面,一种对于世界的'看法'。"

人的语言规定了人对世界的看法,民族的语言则规定了民族的文化和精神的基本内涵。所以,伽达默尔认为,"所谓传统,主要指通过语言传下来的传统,即用文字写出来的传统。"正是在这个意义的基础上,海德格尔认为人类之间最深层的隔绝是语言的隔绝。所以,文化、思想、思维方式的转型从根本上来说是语言的变革。

语言作为一个系统,它是一个民族无数代人积累下来的,代代相传,它对于具体的人、具体的时代、具体的群体具有先在性。语言就像一张无形的网,人就生活在网内,语言的网构成了人的本体,人不可能脱离这个网而生存。对于个人来说,语言是具有"元"性质的东西,不能被轻易改变。对于民族来说,语言是根深蒂固的东西。它如此坚固,以至于具有一种强大的精神力量,不同的个体正是通过它而凝聚起来,形成一种文化的。所以,语言只有变革没有改换,完全抛弃自己的母语而改用另一种完全不同的语言系统,是非常困难的。语言变革是一个民族的重大的事情。语言是一个民族最深层的东西,不是涉及民族的生存问题,不是迫不得已,这一根基是很难动摇的。

二、现代语言学的发展概述

语言是符号,是表达思想、交流思想的工具,这是中国几千年来根深蒂固的观点。所谓"言为心声""只可意会不可言传""以文害辞""得意而忘言""辞不达意"等都深刻地表明中国古人把语言和思想割裂开来的二元对立观点。这种语言观又源于更根深蒂固的"起源终极观",即事物的最终本质隐含在最初的起源之中,本质即本源。

中国古代对语言本质的认识最看重的是"文字",在某种意义上,文字的本质就是语言的本质。而文字则起源于象形,《周易·系辞下》说:"上古结绳而治,后世圣人易之以书契。""古者庖牺氏之王天下也,仰则观象于天,俯则观法于地,视鸟兽之文与地之宜,近取诸身,远取诸物。"文字从根本上来说就是符号,与它相对应的是"物"。所以,文字作为"物"的符号,相对于"物"来说处于从属的地位。

这种文字初始状态的词与物的对应关系似乎隐含了后来的语言与世界的关系——世界是与语言无关的纯客观存在,语言不过是表现这种客观存在的符号,它是联结人与世界的媒介,即桥梁。在文学上,"诗言志""诗言道"典型地体现了中国古代文学语言工具观,在中国古人看来,语言在文学中不过是一种传达思想的媒介。在中国古代语言观中,语言是从属于思维、思想和世界的,是附庸性质的,从没有人把语言上升到本体论的高度。

在西方,传统语言学的状况虽然和中国古代迥异,但基本观点却惊人地相似,即认为语言是交际工具,语言活动是人的表达活动。19世纪虽然也有洪堡特这样的异质语言学家,但现代语言学真正的开创者却是20世纪初的费迪南·德·索绪尔,他提出,"语言是一种表达观点的符号系统。"在索绪尔看来,语言是一个封闭的、完整的、自主的符号系统。作为符号,语言是声音和概念的结合,而不是词与物的结合。从心理方面看,思想离开了词的表达,只是一团没有定型的,模糊不清的浑然之物。哲学家和语言学家一致承认,没有符号的帮助,我们就没法清楚地、坚实地区分两个观念,预先确定的观念是没有的。在语言出现之前,一切都是模糊不清的。在语言的本质上,索绪尔开启了现代语言学的方向。

西方哲学上的语言学转向也开始于20世纪初,其代表人物是弗里德里希·弗雷格、伯特兰·罗素、维特根斯坦等。所谓"语言学转向",就是把语言上升到本体论的高度,通过研究语言来研究哲学。这种"转向"被称为"哥白尼式的革命",可见其影响之大。

近代以来,中国从政治到经济、文化各方面深受西方的影响,中国现代汉语言文学也是在西方的影响下形成的。但这里的"现代"主要是相对于中国的"古代"而言,主要是就走科学化的道路而言,而在具体观点上却非常接近西方的"传统"。西方20世纪初发生的语言学现代性转向和语言哲学的转向在1980年后才在中国发生影响。近现代中国人在向西方学习的过程中所表现出来的实用主义特点在语言学中非常明显。当时中国虽然接受了西方的新语言,但是没有接受西方的新语言学;虽然大规模地引进西方的新名词、新术语、新概念,但是在语言观念上却是传统的,基本上还是工具观。所以,近现代史上发起文化变革的那一批弄潮儿如梁启超、严复、章太炎、胡适、鲁迅、陈独秀、李大钊、周作人等在语言本质观上其实都是很传统的,他们基本上是从工具观的层面上看待语言的。虽然外来语言对中国的本土语言、本土文化造成了巨大的冲击,使一些人走到对语言反思的边缘,如王国维就提出:"言语者,思想之代表也,故新思想之输入,即新言语输入之意味也。"但大多数这种思想有如电光石闪,稍纵即逝。

但不论是交际工具论还是思维工具论,都是语言从属论。只要是从属论,就不可能从语言本体论的高度来研究文化和思想。

三、现代语言学和传统语言学的对比分析

现代语言学与传统语言学最大的不同在于,现代语言学把语言上升到本体论的高度,认为它不只是工具,是人的能力之一,而且是构成人的行为本身,是思想本体。人的思维过程即语言过程,人的世界即语言的世

第二章 汉语言文学及其文化内涵

界,人类正是以拥有语言的方式而拥有世界的。

海德格尔认为,语言是人的首要规定性,"人乃是会说话的生命体……唯语言才使人能够成为那样一个作为人而存在的生命体。作为说话者,人才是人。""无论如何,语言是最接近于人的本质的。""语言担保了人作为历史性的人而存在的可能性。语言不是一个可支配的工具,而是那种拥有人之存在的最高可能性的居有事件。"他的最著名的名言是"语言是存在之家。"这句话的意思是:任何存在者的存在居住于词语之中。把人的最高本质即存在归结为语言问题,这是对人的本质的一种新的认识,对 20 世纪的哲学社会科学产生了深远的影响。

海德格尔的学生伽达默尔进一步强调了语言的本体论地位。伽达默尔指出,能被理解的存在即为语言。他认为语言并非仅仅是人在世上所拥有的一种物品,人实际上是借助语言才得以拥有世界,所以语言可被视作一种世界观。 伽达默尔还表明,语言绝不是一种器械或者工具。因为工具的特性在于人们能够掌控其使用,也就是说,需要使用时可将其拿出,完成使命后便可搁置一旁。但人们永远不会发现自己处于一种与世界相对立的意识状态,且能在一种近乎没有语言的情形下拿起理解世界的工具。相反,在所有关于自我以及外界的知识中,人们始终早已被自身的语言所环绕。 在伽达默尔看来,语言与思维、思想紧密相连。他认为人们仅能在语言之中进行思维活动,思维也只能寄寓于语言当中。

在传统语言学中,语言的地位是从属的,是人的附属品,是可以脱离人而客观存在,似乎只要人愿意,用它时把它"拿来",不用时则可以把它弃掷一旁。但在现代语言学中,语言则是人的天性,是人类的最重要的本质,是人的首要的规定性,正是语言的能力把人和动物区别开来。"当我们说话时自以为自己在控制着语言,实际上我们被语言控制,不是'我在说话',而是'话在说我'。"是语言控制人而不是人控制语言,人的世界在某种意义上说就是语言的世界,人的认识、思想、思维都不能脱离语言而赤裸裸地存在。

从传统本体论哲学思维方式来看,在时间顺序上,的确是先有物质世界,然后才有人及人的认识、思想、思维等。但在现代主体论哲学看来,人是第一位的,没有人,物质世界是没有意义和价值的,世界的意义和价值正是因人而存在的,"意义和价值"本来就是意识概念而非物质概念。语言正是把人和先于人而存在的物质世界联系起来的桥梁。因此,古希腊人把人定义为会说话的动物,人的"逻各斯"能力即思维能力主要就是语言的能力。动物没有语言,也就没有语言的世界,"自我"之外的一切都只是"对象"。动物只有心理活动,没有意识活动,因为意识活动本质上是语言活动。

在语言与思想的关系上,现代语言学认为,在很大程度上,语言就是思想,语言的过程即思维的过程,任何比较高级和复杂的思想活动都是和语言联系在一起的。要进行复杂的逻辑和数学推理,要思考量子力学和相对论中的问题,我们必须有语言,有专业符号,否则根本无法进行思考。索绪尔认为,语言是一个符号系统,他反对把语言看成"命名过程",即把语言简单地看成实物和名称之间的关系,他认为语言出现之前不存在思想,"假如一个人从思想上去掉了文字,他丧失了这种可以感知的形象,将会面临一堆没有形状的东西而不知所措,好像初学游泳的人被拿走了他的救生圈一样。"就是说,没有语言,思想将是模糊混沌的。维特根斯坦认为,哲学应该划清可思考的东西和不可思考的东西之间的界限,而这个界限只能在语言中划分。

而更重要的是,语言不仅可以把人和物质世界联系起来,它还在漫长的积累过程中超越了物质世界,创造了一个精神世界。人类社会首先是物质的基础,但更本质的则是精神,精神其实是一种纯粹的语言世界,物质还可以脱离人而独立地存在,而精神却须臾不能脱离人而存在。规则是人规定的,但一旦规定,人就得遵守它。语言是人创造出来的,但语言一旦创造出来,它就具有自足性。索绪尔把言语和语言区别开来,其意义是非常重大的。言语具有私人行为的特点,容易创造,也容易消失,有如朝露夕菌,随生随死,但语言作为一个系统,却是一个漫长的积累的结果。语言一旦形成,就会把人从蛮荒状态带出来而走向文明。人以语言为家,这是文明和进步的标志,但同时也意味着人再没有其他选择。语言作为系统,牢牢地控制了人类。选择什么话语说话似乎是人的自由,但其实不然,一旦选择了某种语言系统,说什么话就不能完全由自己控制。

第二节 汉语言的风格类型

认识和确定汉语言的风格类型,是研究者对客观存在的汉语言风格类型的主观升华,必然受到研究者文化观的影响和制约。各种类型的语言风格是文化的凝聚体,各类风格的差异实质上是文化意蕴的差别,所以要正确认知和理解汉语言各类风格的本质特征及其生成和运用的规律,就必须借助文化"宝镜"。

一、汉语言的表现风格和语体风格

(一)汉语言的表现风格

1. 汉语言表现风格的文化含义

表现风格是一个总称,根据表现的异同,表现风格可以分为若干组并列而又两两对立的类型:豪放和柔婉、简约和繁丰、含蓄和明快、藻丽和朴实、幽默和庄重等,这是汉语言风格文化传统所公认、推崇的优秀的表现风格。它们既有区别,又有联系,各组之间是"相生"互补关系,每组的二者之间是"相克"对立的关系。这是一个由若干并列而又两两对立的风格现象组成的矛盾统一体,它植根于中华文化,富有文化意蕴。例如,表现风格作为从一切言语交际的话语气氛和格调中抽象概括的统一体,就是中国哲学整体的综合层次理论,是普遍联系与整体考察观点的反映。又如,表现风格的各组类型都是两两对立存在的,它们的定义方法就是中国哲学中万事万物都是两两对立而存在的这种辩证思维的折射。再如,表现风格的存在方式是两两对立而成整体,事物发展到一定阶段,条件成熟就会发生质变,事物就会向其相反的方向变化,即物极必反。

因此,表现风格的每一组对立之间,必有一个适度的问题,超过了某一限度就会适得其反。因此,表现风格的创造和运用必须注意适度得当。

2. 汉语言表现风格形成的文化导因

(1)表现对象

表现对象即被表现的客观事物,亦即表现的思想内容"意授于思,言授于意",思想内容是由表达主体对表现对象想象思考而获得的。思想内容决定语言形式,什么样的表现对象需要什么样的表现风格来表现,不同的表现对象决定了不同的表现风格,不同的表现风格对表现对象有不同的适应性。在表现风格生成和运用的过程中,表达主体选择什么样的客观事象,其自身的精神文化如何作用于客观事象使之成为意,选择哪种与意相应合的辞,构织什么样的言语作品,呈现出什么样的格调,都受到民族文化的制约。

(2)交际主体

交际主体包括个体和群体,个体表达者的表现风格是语言的个人风格,个人风格的形成和运用都会直接受到表达主体、接受主体自身的文化因素及其相互关系的影响和制约。群体表达者的表现风格如语言的民族表现风格、时代表现风格等是共性风格,语言的民族表现风格、时代表现风格生成和运用的制导因素是民族群体的文化个性、时代群体的文化个性。但群体总是通过代言人来体现的,群体的代言人要受群体的文化共性制约,但其本身的个性文化因素也起作用。

(3)交际语境

交际语境包括言内语境和言外语境,言内语境属语言文化,言外语境包括多种因素,而其中社会文化环境和自然文化环境对表现风格的生成和运用起着决定性的制约作用。

(4)交际语体

表现风格的生成要受到交际语体制约。哪种表现风格适用于哪种语体,哪种语体对哪种表现风格是开放的,哪种语体排斥哪种表现风格,都是客观存在的语体文化规律。任何人运用语言生成表现风格,除了特殊需要而有意超越语体规范采用变体手段,一般都要遵从语体表现风格规约,否则就不得体。

(二)汉语言的语体风格

1.汉语言语体风格的文化含义

语体和风格是两个不同的术语,各有不同的含义。前者是适应不同交际领域、交际内容、交际目的、交际对象和交际方式的需要,而运用全民语言所形成的言语特点综合体,即交际领域文化和语言文化融合成的语用范式;后者是言语交际者在主客观因素制导下,运用全民语言所形成的言语特点综合显现出来的格调和风貌,即主客观文化和语言文化融合成的美学态势。语体风格是语体的表现风格,是语体风格手段生成的风格特点综合呈现出来的格调和风貌。语体在语言运用中处于中间层面,语体风格是语言风格范畴中的一个重要类型,它在语言运用中跟其他类型的风格同处于最高层面。语体风格和语体是两种不同层面的语言现象,它们是上下位关系。对此,汉语言风格文化传统有许多精辟的论述,如魏文帝曹丕的《典论·论文》:"盖奏议宜雅,书论宜理,铭诔尚实,诗赋欲丽。"西晋陆机的《文赋》:"诗缘情而绮靡,赋体物而浏亮,碑披文以相质,诔缠绵而凄怆,铭博约而温润,箴顿挫而清壮,颂优游以彬蔚,论精微而朗畅,奏平彻以闲雅,说炜晔而谲诳。"

虽然风格和语体有着本质的区别,但是它们形影相随、亲密无间,是同生、共现、共变的关系。风格会随着语体的产生而产生,并随之变化而变化。依附在语体上面的美学形态风格的内在基础是语体,语用实际没有无语体根基的悬空风格,也没有无美学形态的裸语体。

2.汉语言语体风格形成的文化导因

(1)交际领域

语体风格是个总系统,下面包括若干个子系统,即分语体风格。各种分语体风格并非同时产生的,而是在社会文化发展过程中逐渐形成的。

原始社会文化不发达,交际范围狭窄,只有口头文艺语体风格。随着社会文化的迅猛发展,社会分工日益细密,人们认识世界的眼界迅速拓宽,社会交际频繁且复杂化,言语交际活动范围也就越来越大,逐步涉及诸如日常生活、公私事务、科学技术、新闻报道、文学艺术以及广告传播等各种领域。言语社群或跨言语交流社群进入各种领域进行言语交际活动,都必须遵从其特定的语用文化规范,恰切地选用语言手段,构织语篇,生成语体,才能呈现得体或合体的语体风格。交际领域对语体风格的形成是直接起决定性作用的外部因素,在特定的交际领域制约下,运用与之相应的语体风格手段,就会形成特定的语体风格。诸如适应口语交际需要而形成的谈话语体风格、适应公文事务领域交际需要而形成的公文语体风格、适应科学技术领域交际需要而形成的科技语体风格、适应新闻传播领域交际需要而生成的新闻语体风格、适应文学艺术领域交际需要而生成的文学语体风格、适应广告传播领域交际需要而生成的广告语体风格,以及两种或多种语体风格融合而成的交融语体风格等。

(2)交际对象

人们在各个交际领域进行言语交际都是有对象的。要想收到理想的交际效果,交际主体就要运用语言手段,除了应合交际的语用文化规约,还必须切合交际对象的文化特点。不同的交际对象有不同的文化特点,文化特点不同,对话语的接受要求也就不同。因而,交际对象对语体风格的形成也是直接起制约和影响作用的客观文化因素。交际对象千差万别,但在特定的交际领域里进行言语交际活动,其交际对象都是十分明确的。

在不同的交际领域、不同交际对象的制约下,选用的风格手段是不同的,由不同风格手段生成的风格特点和格调气氛就明显有别。即使是同一交际领域,受制于不同的交际对象所形成的分语体风格也有区别。例如,同为科学技术交际领域,而受制于交际对象——专业人员或具有相当科学知识的人所生成的专门科技语体风格与受制于交际对象——非专业人员或不大熟悉这门科学的人所生成的通俗科技语体风格有别;同属广告传播领域而受制于交际对象,风格也会不同。

(3)交际目的和任务

在任何交际领域跟任何交际对象进行言语交际活动,无论说什么、写什么,或者明法、传令,使读者听众知晓和执行;或者探求、交流、传播科学技术,使对方理解某种科学技术现象和科学技术知识;或者发表政治观点,宣传路线方针,动员对方接受和行动;或者传播有价值的新鲜信息,以满足社会公众的全面信息的需要;或者反映现实、描绘自然、抒发情怀,使人受到感染、熏陶和教育;或者传递组织、商品、劳务信息,以满足社会公众消费、咨询的需要等。在不同的目的任务制约下运用语言,形成的语体风格就会有所不同。例如,以反映现实、描写景物和抒发感情,使人获得美学享受和教益为目的任务而形成的文学语体风格,跟以交流、传播科学技术信息,使人增长科技知识为目的任务而形成的科技语体风格必然迥异,跟以明法传令,使人知晓和执行为目的任务而形成的公文语体风格也有明显区别。所以,运用语言生成语体风格必须有的放矢,受交际目的、任务的制约。

二、汉语言的民族风格和时代风格

(一)汉语言的民族风格

1. 汉语言民族风格的文化含义

语言的民族风格是指,一个民族运用民族语言所形成的语言特点综合呈现出来的气氛和格调。

风格手段既有来自语言要素的,也有来自超语言要素的。风格手段不等于语言要素。语言要素的特点既不同于利用民族语言要素而生成的风格手段,又不同于使用风格手段而综合表现出来的言语民族风格。

语言的民族风格不是指语言体系本身的特点。语言民族风格与语言民族特点是本质不同的两种语言、语言现象,不能把汉语体系自身构造的特点看作汉语言民族风格,但二者又有着非常密切的关系。语言的民族特点为语言民族风格的形成提供了重要的物质基础和必要条件,因为民族风格表达手段主要是从语言的民族特点引发而来的,或者说是运用和生发了语言的某种民族特点的结果。例如,汉语中利用语音的特点生成的同韵相协、平仄交错,利用单音节词、双音节词的特点构成的"四字格"和对偶、顶真,利用语序的特点构成的常式句和变式句等,都是富有中华民族色彩的风格手段。将它们巧妙地用于特定语体的话语中,就能体现出鲜明而优美的民族韵味。运用语言创造风格,如果离开了本民族语言结构的特点和独特的美感,去追求什么语言风格美,就不会结出具有乡土气息和民族风味的果实。

2. 汉语言民族风格形成的文化导因

(1)物质文化根基

物质文化是指人改造自然界的物质生产活动及其产物,它具有获取与创造的功能,是整个文化系统的基础和发展动力,有着具体可感的存在形态,如衣食住行的文化;还指与人们生活十分密切且经过人们创造或融入思想感情的自然物,如园林、山川、河流、动植物等所表现出来的文化。存在决定意识,先意后辞,辞不能凭空而发,必须以物为根,先有物态文化,才有表现物态文化的语言表达手段,物态文化是语言民族风格的根基。中华民族特有的物态文化非常发达,由于反映特有物态文化的需要,汉语便产生了丰富多彩的属于特有物态文化范畴的语言手段,如桂林米粉、马蹄糕、烧卖、云吞、烤羊排、东坡肉、中山装、唐装、旗袍、马褂、长衫等,它们都是汉语以物态文化为根基的语言手段,是中华民族利用自然条件而创造出来的有形实物的语言文化成果。它们或为名词术语,或为熟语,或变异作修辞格,但都有鲜明的民族色彩;它们或庄重典雅或蕴藉或简明或华美或朴实,可作展现汉语民族风格的重要手段,用于各种语体,生成各种表现风格。

(2)制度文化背景

制度文化是指渗透了人的观念的各种社会制度以及有关各种制度的

理论体系、行为方式及礼仪风俗,是人们规范自身行为和处理个人与他人、个体与群体关系的准则。而语言风格作为也必然受到制度文化的影响和制约。在汉语里,很多风格手段都是在制度文化背景下生成的。它们无论是体现经济文化、教育文化、婚姻文化,还是民俗礼仪文化,也无论是直用本意还是变异用引申义,都有汉民族特有的文化信息和风格信息,可作呈现汉语民族风格的表现手段。

(3) 精神文化导因

精神文化是人们改造主观世界的活动方式及其产物,包括思维方式、心理状态等,它处于文化系统的核心地位,对人们的言行举止直接起指导作用,诸多汉语民族风格手段是在精神文化指导下生成的。它们生成的文化导因都是汉民族的精神文化,是展现汉语言民族风格的常见手段。

(二)汉语言时代风格

1. 汉语言时代风格的文化含义

汉语言时代风格是汉民族在同一时代文化因素指导下,运用汉语言的各种特点而呈现出来的风貌格调,是汉语言民族风格的"时代变异"语言,是一种主要由时代的物质文化、制度文化、精神文化和语言文化因素形成的风格类型。同一民族同一时代的人们,由于共处在相同的时代文化条件下,在语言运用上受到相同的社会文化环境的制约,往往有许多相同或相近的稳定性特点,表现出相同的时代风貌;不同时代的人们,在物质、制度、精神文化等方面都有差异,这些差异反映到语言文化运用上,便会呈现出不同的时代风格。

2. 汉语言时代风格形成的文化导因

(1) 物质文化导因

物质文化是语言产生以及对其运用所生成的语言风格的物质基础和动力。物质文化是一个系统,但不是一朝即成的,而是在人类社会历史进程中逐渐形成的,又随着社会时代的发展变化而变化。任何一种物质文化现象都无不脱胎于特定的时代土壤,带有特定时代的特点。为适应具有时代特点的物质文化的需要,而运用语言所生成的风格,必然烙有特定时代的印记。

(2)制度文化和精神文化导因

制度文化和精神文化也会影响语言风格的生成和发展变化,也是语言时代风格生成和发展的指导性因素。中国原始社会早期是"狩猎游牧,群居杂婚"的母系氏族社会,后来畜牧业和农业经济逐渐代替了狩猎经济,游牧生活逐渐转化为定居生活,男子与妇女劳动的比重起了变化,男子的经济地位逐渐提高,人们的思想意识、价值观念、心理状态发生了变化,母系氏族社会逐渐转化为父系氏族社会。源于此制度文化和精神文化导因,汉语里产生了不少蕴含着原始社会制度文化和心理文化的语言现象。新中国成立后,经历了各种既有联系又有区别的经济、教育、思想、文学艺术、社会风尚等文化运动。根植于这些特定的文化运动,汉语里新生了数不胜数的烙有新时代印迹的风格现象。

三、汉语言的地域风格与流派风格

(一)汉语言的地域风格

1.汉语言地域风格的文化含义

语言的地域风格在很早以前便已存在,然而对它展开的研究却为数不多。王德春主编的《修辞学词典》对"乡土风格"作出了定义,并概述了其形成的语言基础。该词典指出,乡土风格是言语作品中所呈现出的地域特征的综合体现。乡土风格的形成是以方言的运用作为根基的,各类方言作品以及民间文学都具备相应且完整的地域风格。而且在那些使用标准语的语言作品当中,因为表述方面的需求,有规律地运用方言的词汇、语法结构等元素,同样会使作品带有乡土风格。

借鉴传统的地域文学风格论与现代语文学家、修辞学家、文学史家的研究成果,我们认为语言地域风格是语言民族风格的地域变异,是同一地区的人们在地域文化和自身个性文化的指导下,运用地域语言的特征综合呈现的格调风貌。这个定义包含以下文化含义:地域风格是地域群体的共性风格,地域性是地域风格的本质属性,地域文化是指导地域风格生成的客观因素,语用主体自身的个性文化是指导地域风格生成的主观因素,地域语言是地域风格的物质表现,格调风貌是地域风格的美学升华。

2. 汉语言地域风格形成的文化导因

(1)地域文化

地域文化包含精神文化、制度文化、物质文化等,对形成地域风格起到重要作用。我国地域宽广,地势环境丰富多样,各地区的精神、制度、物质等文化发展水平具有差异,自然形成不同的地域文化。不同地域中的人们在生活过程中必然会受到当地地域文化信息的影响,在日常生产、语言交际等过程中会不自觉地渗入地域文化因素,所以在语言风格上必定会出现一定程度的地域特点,如地域文化特点造成了我国南北语言地域风格的不同。

例如,赵树理和老舍都是追求文学语言大众化、中国化的现代卓越作家,但是两人的作品因受不同地域文化的影响,展现的语言风格拥有不同的地域特色。赵树理是三晋文化和山西土地养育出来的地地道道的山西人,因此,他的小说的语言风格,把山西的地域特色展现得淋漓尽致。老舍热爱北京,北京地域文化给了他艺术生命,他毕生的艺术追求是写好北京,因此,他的剧本和小说所用的语言大部分来自北京方言,写着发生在北京的事,作品的语言拥有浓郁的"京味儿",地域色彩非常浓厚。

(2)语用主体文化

语言使用者自身的个性文化就是语用主体文化,是对形成语言地域风格起到引导作用的主观因素,包含审美追求、性格爱好、文化素养、生活经历、价值观念、思想感情等。就生成语言地域风格而言,地域文化是根本因素,但不是唯一因素。若是唯一因素,那么同一地域文化孕育出来的语言地域风格就会相同或相似了。语用者的推介或引导才能实现地域文化在语言地域风格形成中的指导作用。地域文化对语用者构建语言地域风格有极大的影响,但语用者对其影响有主观能动性。一个语用者是否接受一个地方的地域文化的影响,接受哪种类型的地域文化的影响,或者说在哪一种层面上、哪一种程度上接受一个地方的地域文化的影响,与其所拥有的个性文化是有密切关系的。语言风格因地而异,又因不同的语用者而有不同的个性表现。语言的地域风格既包含地域文化,也包含语用者的个性文化,是地域文化与语用者个性文化相互融合的结晶。

(二)汉语言的流派风格

1. 汉语言流派风格的文化含义

文学流派、文学流派风格以及语言的流派风格等密切相连,但它们之间也有不同之处。在一定的历史时期里,文学作家因艺术风格、审美情趣、创作方法、文学观点、思想倾向等文化因素相似或相同,而自觉或不自觉形成的文学派别就是文学流派。通常有了文学流派,就意味着有文学流派风格的展现。语言格调、表现方法、形象塑造、主题提炼、题材选择、创作主张、审美趣味、文学观念、思想感情等方面相近或相同的作家在文学创作上所形成的、综合展现出来的共同特色、格调风貌就是文学流派风格,它是一种群体文化的文学风格体现。

相同流派的作家有流派共性风格,也有个人独特风格,以个人风格为基础逐步形成了流派风格。文学的语言流派风格来源于文学流派,在语言文化的运用上,同一个文学流派有共同的特点。从作家语言风格的共性角度而言,形成风格体系时可以说是语言的流派风格。文学流派风格中最重要的组成部分是语言的流派风格,其从属于文学流派风格,但又有所区别。从文艺学的角度而言,不同的文学流派在各自的流派文化指导下,所创作的文学作品展现出的文学格调风貌是指文学流派风格;从语言学的角度而言,不同的文学流派在各自的流派文化指导下,所创作的文学作品展现出来的格调风貌就是语言流派风格,是与语言地域风格、地域文化相关的,源于时代文化、民族文化,是受语体风格规范、时代风格、语言民族风格影响的群体性风格现象。

2.汉语言流派风格形成的文化导因

(1)流派文化

文学流派成员的语用观、审美观、文学艺术观、哲学观、人生观相似或相同的文化因素是指文学流派文化,对形成语言和文学流派风格起到直接的指导作用。从古至今,形成我国各种语言和文学流派风格的原因是流派文化的差异。例如,"文采派"的曲辞格调藻丽,运用雅语较多;"本色派"的曲辞格调朴实,运用口语较多。这些差异的出现是不同的流派文化所导致的。

(2)流派成员的个性文化

文学流派的形成总有其相同或相近的流派文化基因,随之而来,一般也有共同的文学流派风格和语言流派风格,但流派各成员的文化观并不完全一致,而是各有个性,因而在流派的共同风格之下又有个人的风格特点。因此,要想正确认知和解释文学流派风格和语言流派风格生成发展变化的根源,揭示其语用文化的规律,就要既着眼于共同的流派文化,又着眼于流派成员的个性文化,不能有所偏颇。

四、汉语言的个人风格

(一)汉语言个人风格的文化含义

语言的个人风格是一种在主客观因素制约下由个人文化因素形成的个性风格,是个人创造性地运用本民族的语言的各种特点综合呈现出来的格调和气氛。这个定义包含的文化内涵包括4点:①主客观文化机制相互融合而生成的独特的个性风格是语言个人风格,它在言语作品和个人言语活动中广泛存在;②时代、民族、语体等风格是语言个人风格的基础,但其本质是个人文化因素;③因每个人的文化因素不同,所以写文章或说话时,每个人的风格不同,有鲜明程度高低的区别,有定型和不定型的区别,语言个人风格越独特、显著、鲜明、定型,语言个人风格就会越独特、鲜明,这是使用语言成熟和语言修养高的标志,是让言语作品的思想内容能够完善表达的一个重要条件;④语言个人风格是语言文化的表现风格,是个人创造性地综合运用语言文化风格手段的美学形态的升华。

(二)汉语言个人风格形成的文化导因

汉语言个人风格是文化复合体,既蕴含着客观文化或外部文化成分,也蕴含主观文化或内部文化元素。前者是基础部分,后者是本质部分。它生成的导因既有共性文化因素,也有个性文化因素,而个性文化因素是体现特质的因素,是使不同的语言风格相互区别的根本性东西。语言修养较高者,他们的文学语言是有个性的,而个性构成了他们各自的独特风格。优秀作家写文章和创作文学作品时总是努力追求独特的个性。

具有独特语言风格的作家所运用的语言都有鲜明的个性,这是因为他们的个性文化不同。个性文化包括思想意识、心理状态、价值观念、性格、生活经历、兴趣爱好、审美情味等。在这些因素的指导下,运用风格手段组织话语,展现格调气氛,会呈现出鲜明的个性。这可以用富有语言修养的作家作品佐证。伟大的作家,在不同的历史时期,由于个性文化有变化,语言个人风格也呈现出不同的特点。由于个人文化因素不同,即使是在同一民族、同一时代、同一题材,甚至同一题目,不同作家作品中也会体现出不同的个人风格。同一民族、同一时代、同一流派,甚至同一流派的父子、兄弟的作家作品,由于个性文化不同,也会在共性的基础上呈现出自己独特的个性。

第三节 汉语言的文学特征

文化是国家、民族、社会有序、可持续发展的根本动力,脱离文化规范的任何发展形势都是危险的。汉语言文学作为中华传统文化的重要载体,承担着重要的历史使命。纵观汉语言文学的发展历程,其主要特征包括以下三个方面。

一、丰富的体裁

汉语言文学历经千年的发展,涌现出丰富多样的体裁。古代的汉语言文学主要包含诗歌、楚辞、乐府、词、赋、散文等体裁。在近代出现了更多的文学体裁,其与古代文学体裁相比更加多样化、内涵化以及贴近社会,主要包括现代诗歌、小说、戏剧、散文诗、电影文学等。中国出现最早的诗歌集为《诗经》,其内容丰富,反映了周朝初期至春秋中叶之间的社会生活风貌。《诗经》的句式主要为四言,其修辞方法主要为重叠反复,反映了周朝诗歌的特色。在《诗经》之后兴起的诗体为楚辞和乐府。楚辞是在楚地民歌的基础上发展而起的,反映了楚地的风土人情,其典型代表人物为屈原。乐府作为叙事诗歌具有强烈的现实感,通过描述社会现实展现了当时的社会生活。随着朝代的更迭,诗歌的体裁也在不断丰富。唐朝的诗、宋朝的词、元朝的曲都丰富了汉语言文学的体裁。

二、显著的阶段性

中国历史悠久,朝代更迭纷繁复杂。汉语言文学随着朝代变换也经历了起伏。不同的朝代发展出不同的文学内容,突出反映了当时的社会风貌和文风。古代诗歌的发展有两个最兴盛的时期,分别是周朝和唐朝。《诗经》主要成书于春秋时代,共305篇,反映了爱情、战争、生活习俗等内容。唐诗的表现形式比《诗经》更加多样化,主要为五言和七言。唐诗作为中华民族的宝贵遗产,对世人研究唐代的经济、生活具有重要的参考价值。唐诗在发展中也涌现出多种派别,主要为山水田园诗派、边塞诗派、浪漫诗派、现实诗派。每种诗派侧重描写不同的内容,表达了作者不同的思想感情。随着唐朝的衰败,汉语言文学的体裁逐渐变化。到宋朝时,宋词开始兴起。宋词是宋代文学的最高成就,是汉语言文学中璀璨的明珠。著名的词人有苏轼、辛弃疾、柳永、李清照等。宋词之后,汉语言文学中相继出现了元朝的戏曲以及明清的小说。无论是唐诗、宋词,还是元曲、明清小说,均与朝代的更迭有着莫大的关联,同时也反映了汉语言文学发展的阶段性。随着朝代的起起落落,汉语言文学的体裁也在逐渐改变。

三、独特的文学流派

　　文学作品寄托了作者丰富的思想感情,反映了作者内心的思绪。在唐诗兴盛的年代,山水田园诗派的代表人物王维、孟浩然的诗作主要描写绿水、青山、隐士,风格恬静淡雅,表达了对田园诗意般生活的向往。边塞诗派的代表人物高适、岑参、王昌龄等的诗作主要描写边塞生活、风景、战争,诗风悲壮,格调雄浑。在宋朝,柳永、李清照等词人的作品主要侧重描写儿女情长,表现词人的柔婉之美,被称为婉约派。苏轼、辛弃疾的作品用词宏博,气势恢宏,被称为豪放派。在古代文学的发展中,文学流派引领了时代的潮流,进一步推动了汉语言文学的发展。由此可见,在每个时代,文学流派均对当时的汉语言文学发展起到了极大的推动,为汉语言文学的繁荣作出了巨大贡献。

第三章 汉语言文学的相关研究

第一节 汉语言文字研究

一、文字的产生

(一)文字与语言的关系

文字是一种书写符号系统,用以记录语言,同时也是人际交往中最重要的辅助工具。语言产生在前,文字诞生在后,文字是社会发展到一定阶段的必然产物,它成功打破了语言在时间与空间上的限制,使语言功能得以进一步延伸。文字形成之后,才有了书面语,有了书面语,人类文明的延续和传播才有了基础的保障。因此,文字的产生可以被视为人类进化历程当中开始脱离野蛮状态、进入文明社会的重要节点。纵观世界各个民族,都存在或曾经存在各自的语言体系,但并非每种语言都有相应的文字。现今仍有不少部族主要依靠口耳相传的方式进行交际,尚未发展出独属于本民族的文字,这种传承方式虽无文字依托,却承载着部族悠久的历史与深厚的文化。

(二)文字的产生历程

每一种文字系统的诞生都不是一蹴而就的,必然会经历一个漫长而曲折的发展过程。以汉族为例,在汉字形成之前,汉族的祖先基本上都是依靠结绳、结珠、刻契等烦琐又笨拙的手段帮助自己加强记忆,从而应对交际需求的。

当然,因为当时的古人没有文字,记事的手段繁多,不一而足,并不仅仅局限于上文列举的几种手段。在我国语言文字学家周有光的著作《语文闲谈》中有记载,云南景颇族的载瓦人曾制作实物情书、战书和和约。情书:用红、白、黑三色线缠一个芭蕉叶包,内有树根,表示想念;石灰,表示希望会见;草烟叶,请对方吸后增加爱情。战书:三色线的芭蕉叶包,内有土块,表示争夺土地;子弹,表示宣战。和约:竹筒一节,两端各刻一个缺口,代表议和双方;中间刻一个缺口,代表中人;把竹筒一劈两半,各方保存一半。

随着社会的进步和文明的发展,实物记事逐渐显现出它的落后性,越来越不能满足人们交际的需求。于是,经过一番曲折的探索之后,古人记事和表达思想终于进入了下一个高级阶段——文字画阶段。文字画不是真正的画作,所以其并不会过分地注重绘画的艺术性,只是粗略地记录下当时场景中发生的事情的大概意思,无法对具体内容作出详细而准确的记载,因而文字画不能算作文字,只能被视为文字的滥觞。世界各地保存的原始壁画就是文字画的代表,其大多具有文字画的性质。

真正意义上的文字是在文字画阶段之后诞生的。因此,许多专家学者都认为文字很可能起源于图画。文字的创造者充分体现了劳动人民的勤劳和智慧,他们的贡献和事迹借着神话传说流芳百世。

二、汉字的发展

根据我国许多专家学者对汉字的钻研和探索,目前可以认定的结论是,中国最早的文字来源就是图画,在许多的汉字及其演变历程当中,都可以隐约看到与其释义相似的图画的影子,因此我们认定,汉字的起源就是原始的图画。原始人通过临摹自己生活中的所见所闻,将其记录下来并传承下去,在一代代的传承中,这些图画慢慢演变成一种"表意符号"。

在"表意符号"的基础上,大约在公元前14世纪,终于出现了相对来说已经定型的文字——甲骨文。在学术界中,甲骨文被普遍认为是汉字最初的书写形式。到了西周时期,古人开始对青铜器情有独钟,而被刻在青铜的钟鼎和石鼓上的文字,和之前的甲骨文相比出现了明显差异,形成了一种全新的文字——大篆。因为大篆都记录在钟鼎和石鼓上,所以大篆字体在现代亦有钟鼎文和石鼓文之称。现如今,在故宫博物院内就存有10面秦国的石鼓,上刻有10首四言诗文。因为西周时期封建割据,各自为政,所以记录的文字也不尽相同。一直到秦朝,秦始皇一统华夏,实行书同文、车同轨,创建了统一的官方字体——小篆,这个时候的文字几乎已经完全没有象形文字的痕迹了。

到了汉朝,出现了"蚕头燕尾"的波折之笔,书写起来轻松自如,于是使用小篆的人越来越少,名为"隶书"的字体开始盛行。西汉时期流行的隶书被称为"汉隶"。汉朝在流行汉隶的同时,楷书正在悄然萌芽。在魏晋南北朝时期,当时的许多文人墨客都喜欢采用楷书。在唐朝时期,楷书更是盛行于世。由于楷书工整,书写起来颇费功夫,文人墨客和书法大家为了书写快捷,同时为了更好地抒发胸臆,寄情于笔端,创造出了一种流动顺畅、一气呵成、极具韵律和艺术感染力的字体——草书。在楷书和草书之间,还存在一种字体,就是行书,行书行文流畅,没有楷书那样规范严肃,也没有草书那样放荡不羁、难以识别。

到了宋朝,活字印刷术应运而生,在此时代背景下,宋体字成为当时书面文字的主流字体。宋体最早产生于北宋,脱胎于楷书,又有肥体和瘦体之分,可无论肥瘦,都是横细竖粗,透露出一股古朴端庄的韵味。在宋体的基础上,一些书法家又创建出了一种仿宋体,这种字体的发展和流行速度都很快,很快就成为人们最喜欢使用的一种规范字体,在各种不同场合得到了广泛使用。与此同时,随着印刷业的发展和阅读需求的改变,醒目大方的黑体也得到了无数人的青睐。黑体笔迹全部一样粗细,结构醒目严密,笔画粗壮有力,撇捺等笔画不尖,使人更加易于阅读。由于其醒目的特点,常被用于标题、导语、标志等,丰富了汉字的表现形式。

中华人民共和国成立以后,各种字体犹如雨后春笋般纷纷涌现,出现了综艺体、整块体、浮云体、变体等字体,极大地丰富了汉字的表达方式,这是汉字发展的必然结果,也是祖国文化繁荣的具体表现。在汉字的演变过程中,汉字字形、字体呈现出逐步规范化、稳定化的趋势。小篆使每个字的笔画数固定下来；隶书构成了新的笔形系统，字形渐成扁方形；楷书诞生以后，汉字的字形、字体就稳定下来，确定了"横、竖、撇、点、捺、挑、折"的基本笔画，笔形得到了进一步的规范，各个字的笔画数和笔顺也固定下来了。

汉字不仅有完美科学的文字体系，而且有超越时空的适应性和优越性，有极强的开放性和兼容性，具有古今相通、四方互达的优越性。汉字的形体虽然在数千年间经历了从甲骨文、金文、篆书、隶书、楷书五种字体的演变，但其中有一些字如日、月、山、水、牛、羊等，直到今天仍然变化不大。由图形变为笔画，由象形变为象征，由复杂变为简单，凝聚了中国人对社会自然细腻入微的观察和体味。这就是汉语超越时代的优越性，如今汉语虽有闽粤方言、川陕方言，口语难通，但一写到书面上，都是相通的。

汉字的出现在历史中也起了很大的作用。世界上许多民族的文字大都是采用或改造其他民族的文字而创造出来的。唯独汉字是中国人独自创造的，不但在创始初期是这样，就是在发展时期也几乎没有受到外来的影响，走的是一条独立发展的道路。

从历史上看，汉字对亚洲一些邻国文字的产生和发展影响较大，促进了周边国家、地区的文化进步。可见，汉字不仅是如今世界上巍然独存的、人类历史上最古老的文字，而且对亚洲及国内少数民族文化的发展起过巨大作用。

三、汉字的特点

（一）汉字是平面型方块文字

从字体构造的角度来看，笔画是构成汉字的基础，笔画在构字时是在一个二维平面里进行、按照特定的顺序和结构多向展开的，虽然汉字的数量繁多复杂，但不管多么复杂的汉字，书写的笔画都会在一个平面型的方框里有序分布。在外观上或视觉上，汉字给人最明显的特点就是平面型的方块文字。而音素文字的字母在构词时是呈鱼贯式线性排列的，是一个字母接着一个字母呈线形展开的,如英语单词"linguistics"(语言学)是由 11 个字母依次线性排列组成的,同时字母的排列顺序也能大体上反映出音节结构的顺序。

(二)汉字是表意文字

汉字是"讲理"的,这从汉字的外形和释义之间的联系中就能看出来。许多汉字的构造都不是凭空捏造的,有的汉字通过字形就可以大概联想到其含义,如"门、闩、口、山、火、刃"等;有的汉字可从它的组成成分猜测出大致的含义,如"炎、森、猋、从、明、泪";有的汉字通过它的偏旁结构可以大致推想出字义类属,如"江、河、湖、海"跟"水"有关,"松、柏、柳、杨"跟"木"有关,"铁、铜、锡、铝"跟"金"有关。

传统上人们认为汉字是表意文字,是形、音、义统一的,汉字有见形知义的特点。这种特点在古代汉字中表现得更为明显。古代汉字是由象形符号或抽象符号构成的,这些符号大多和汉语中的语义有一定的联系,从而使字形本身具有了显义价值。汉字随着时代的发展也在不断变化,时至今日,汉字字形的符号性越来越强,字形显义的特点也越来越弱。尤其是汉字经过简化后,许多汉字的形、音、义之间的理据要追溯到它们的古代字形才能清楚地看出,甚至还有许多汉字已经很难或者根本无法看出字形和字义之间的联系了。例如,"首"字本是象形字,但现在从字形上已经很难看出像"人头"之形了;"亦"字本是指事字,指人的腋下,现在也无法从字形看出字义了。

总之,古代的汉字在形、音、义之间原本还存在着一定的联系,而这种联系在现代的汉字中已经逐步减弱。

(三)汉字是记录音节的文字

音素文字是用字母记录语音系统中的音位或音素,音节文字是用一定的符号记录语言中的音节。而汉字的字形和语音是相联系的,一个汉字记录一个音节。

汉字记录的语音单位虽然是音节,但与音节文字不同。音节文字中的文字符号只表示一个音节,一个音节也只用一个文字符号来表示。使用音节文字的语言中,音节总数不多,文字符号总数也不多。现代汉语普通话中带声调的音节总数则不少,大约有一千几百个,而汉字总数更多,有好几万个,音节跟汉字并不一一对应。其中,一个汉字可以表示几个不同的音节,如"和"可以表示"hé、hè、huò、huó、hú"五个音节。一个音节也可以用几个不同的汉字来表示,如"hé"这个音节,可以用"和、合、何、禾、河、荷、核、盒、涸、颌"等汉字表示,一形一音或一音一形的汉字并不多。

从现代汉字看,音节跟汉字的关系还有一种特殊情况,即存在两个汉字一个音节的现象,如"鸟儿""花儿"等写下来是两个汉字,读出来是一个音节,这是儿化现象。

(四)汉字记录汉语不实行分词连写

用音素文字记录语言,一般是自左向右或自右向左横行展开,单词与单词之间留有空隙,即分词连写,单词与单词之间有空格,单词内部的字母连在一块儿写。这样很容易在英文的书写形式上分辨出这个句子共有六个词。而汉字记录汉语是一个字接着一个字,字与字之间留有空隙,词与词之间在书写时没有分界,如汉语句子"他是我们很要好的朋友",我们很容易看出这个用汉字记录的句子有 10 个汉字,而这句话共有多少个词就很难在书写形式上加以分别了。

由于汉字在以语素或词的形式单独使用时,不会受到同音语素或同音词的干扰,所以可以不进行词的定型,不实行分词连写。

(五)汉字数量多、字形复杂

汉字记录的是汉语中的语素,汉语语素的数量很多,因而汉字的数量也非常多。从三千年前的甲骨文发展到现在,汉字的总数有九万个以上,即使是现代常用汉字和通用汉字也在 3000 到 7000 个之间。要使如此多的汉字在形体上有所分别,汉字的构造单位和构造方式必然是多种多样的,这样就形成了汉字在内部结构和外在形体上的一个明显的特点——结构复杂多变。而音素文字的字母对应的是音位,一种语言的音位数目是有限的,这样音素文字的字母的数目也是有限的,如英文字母只有 26 个,俄文字母只有 33 个,而且字母本身的内部结构和外在形体都较为简单。

(六)汉字具有一定的超时空性

汉字跟语音之间并不存在直接联系,相对而言跟意义的联系显得更加紧密,这就令汉字具有一定的超时空性。虽然现代汉语的语音系统同最初的古汉语之间发生了极大的变化,但好在汉字的字形在大体上依然是一脉相承的,因此现代汉字所代表的字义变化并不算大。正是这个原因,对于上古或中古的文献中出现的部分古汉字,掌握了一定数量汉字的人也能看懂或者揣摩其义。这一点就是汉字跟音素文字之间的不同之处,音素文字由于记录的是语音系统中的音位,语音系统变化了,拼音字母也就必然变化。所以后代的人如果不经过专门的训练,就很难识读前代的文献。从这方面来看,汉字对继承和传播中国古代文化遗产是有利的。

就空间方面来看,由于汉字不跟语音密切联系,同一个汉字在不同的方言区就可能有不同的读音,但不同方言区的人对同一个汉字的字义理解却是相同的。汉语方言之间语音差别很大,以致难以进行口头交流,可是把要说的话用汉字写下来就基本能互相理解了。如果是音素文字,语音系统差别太大,无论口头还是书面都难以交流。这样看来,汉字在一定程度上具有了超方言的特性。

第二节 汉语言语音研究

一、语音的性质

语音是人类发音器官发出的用以交际的声音,是具有一定意义的声音。语音是语言的物质外壳,语言要通过语音来传递信息,进行交流。

(一)语音的物理性质

语音首先是一种声音,它同自然界的其他声音一样,产生于物体的振动,具有物理性质。语音的物理性质具有四个基本要素:音高、音强、音长、音色。

1.音高

音高指声音的高低,是由发音体振动的快慢来决定的。声波每秒振动的周期次数就是声波的频率。在一定时间内振动的次数多,频率就高,声音就高;振动的次数少,频率就低,声音就低。发音体振动频率的高低与发音体的大小、长短、粗细、张力等因素有关。发音体长的、大的、松的、厚的一类,振动慢、频率低,发出的声音就低,反之则高。语音的高低跟声带的长短、厚薄、松紧有关。人的声带是不完全相同的,一般成年男子声带长而厚,成年女子声带短而薄,因而听起来男性比女性声音略低。此外,同一个人发音时声带的松紧不同,声音也有高低之别。汉语的声调,如普通话里的 dū(督)、dú(独)、dǔ(赌)、dù(度),主要是由不同的音高构成的。

2.音强

音强指声音的强弱,是由声波振幅的大小决定的。振幅大,声音就强;振幅小,声音就弱。如敲鼓时,用力大,音强就强,发出的声音就大;用力小,音强就弱,发出的声音就小。普通话里的"孝子"和"儿子"里的"子"音强不同,前一个"子"音强比较强,后一个"子"音强比较弱。词语中的轻重音主要是音强的不同形成的。并且,声音的强弱在普通话中还有区别词义的作用,比如"地道"中的"道"分别读轻声和非轻声时,所表示的意思是不一样的。

3.音长

音长指声音的长短,是由发音体振动时间的长短决定的。时间长,音长就长;时间短,音长就短。英语中元音的音长有区别意义的作用,比如 ship(船)和 sheep(羊)的区别,主要是其中元音[i]的音长不同。"sheep"里的[i]音长长,"ship"里的[i]音长短。在普通话和多数汉语方言中,音长对区别字词的意义作用不大,但在语句感情的表达上有一定作用。轻声音节中的音长较短,如读单字"亮"与读轻声词"月亮"的"亮"是有差别的,"月亮"的"亮"音长较短。

4. 音色

音色指声音的特色,是由声波的不同形状决定的。它是每个声音的本质,所以也叫音质。发声体不同、发音方法不同、共鸣器的形状不同,都会造成音色的不同。

①发音体不同,音色不同。例如,胡琴和口琴的声音不同,原因就在于发音体一个是琴弦,一个是簧片。普通话中发"b"时,主要发音器官是上唇和下唇,发"g"时,主要发音器官是舌根与软腭,因而造成了声音的不同。

②发音方法不同,音色不同。例如,同一把小提琴,用弓子拉和在必要时用手指弹拨发出的音是不一样的。同样,"g"和"h"这两个音,主要发音器官都是舌根与软腭,但"g"是用爆发方法发音,"h"是用摩擦方法发音,发音方法不同,因而声音不同。

③共鸣器不同,音色不同。比如大、小提琴,二者的发音体都是弦,发音方法都是用弓拉,但是大提琴的共鸣器很大,小提琴的共鸣器很小,音色就不一样。大提琴浑厚、低沉,小提琴明亮、悠扬。再比如"u"和"o"的共鸣器都是口腔,但发"u"时口腔开度要比发"o"时小,因而声音不同。

在任何语言中,音色是区别意义的最重要的因素之一。

(二)语音的生理性质

语音是由人的发音器官发出来的,具有生理性质。发音器官及其活动决定了语音的区别。

发音器官可以分为以下三个部分。

1. 肺和气管

任何声音都是物体受外力作用发生振动而产生的。气流是发音的动力,呼气时肺是气流的动力站,气管是气流出入的通道,肺部呼出的气流通过支气管、气管到达喉头,作用于声带、咽腔、口腔、鼻腔等发音器官,经过这些器官的调节而发出不同的语音。

2. 喉头和声带

气管的上部接着喉头。喉头是由四块软骨构成的圆筒,圆筒的中部附着声带。声带是两片富有弹性的肌肉薄膜,两片薄膜中间的空隙是声门,声门是气流的通道。声带可以放松或拉紧,可以使声门打开或关闭。声门打开时,气流可以自由通过;关闭时,气流可以从声门的窄缝里挤出,使声带颤动,发出响亮的声音。

3. 口腔和鼻腔

喉头上面是咽腔。咽腔是个三岔口,下连喉头,前通口腔,上连鼻腔。呼出的气流由喉头经过咽腔到达口腔和鼻腔。口腔、鼻腔、咽腔都是共鸣器,对发音来说口腔最重要。构成口腔的组织,上面的叫上颚,下面的叫下颚。上颚包括上唇、上齿、齿龈、硬腭、软腭和小舌。硬腭在前,是固定的。软腭在后,可以上下升降,软腭后面是小舌。下颚包括下唇和下齿,舌头也附着在下颚上。舌头是口腔中最灵活的器官。舌头又分为舌尖、舌面和舌根。舌头的前端是舌尖,自然平伸时,相对着牙齿的部分是舌叶,舌叶后面的部分是舌面,舌面后面的部分是舌根。上颚上面的空腔是鼻腔,软腭和小舌处在鼻腔和口腔的通道上。软腭上升时,鼻腔关闭,气流从口腔通过,这时发出的声音叫口音。软腭下垂时,口腔中的某一部位关闭,气流从鼻腔通过,这时发出的声音叫鼻音或纯鼻音。如果口腔内无阻碍,气流从鼻腔和口腔同时呼出,这时发出的音就会同时在口腔和鼻腔中共鸣,叫鼻化音。

(三)语音的社会性质

语音是一种社会现象,具备社会性质。语音的社会性是它的本质属性,突出地表现在语音和语义的联系上。何种语音表达何种意义,何种意义用何种语音表达,其间并没有必然的、本质的联系,也不是由个人决定的,而是一定范围内的社会成员在长期的社会生活中"约定俗成"的。在不同语种或方言中,同一个意思会用不同的语音来表示,比如"装订成册的著作",在汉语普通话中用 shū(书)这一语音形式表示,在方言中还有"su、fu"或"xu"的表示方法,而在英语中则用[buk](book)这一语音形式表示。正如我国古代著名哲学家荀子在《荀子·正名》中所言:"名无固宜,约之以命。约定俗成谓之宜,异于约则谓之不宜。名无固实,约之以命实,约定俗成谓之实名。"

此外,各语种或方言都有自身独特的语音系统,这也是语音社会性的表现。即使从物理属性和生理属性上看完全一致的语音单位,在不同语种或方言中也可以有不同的地位或作用,因而形成不同的语音体系。例如,在普通话中有"z、c、s"和"zh、ch、sh"两组声母,私人≠诗人,桑叶≠商业。而在粤方言和吴方言中只有一组声母"z、c、s",没有"zh、ch、sh"。再如,普通话中送气音"p、t、k"和不送气音"b、d、g"分得很清楚,是两套语音单位,兔子≠肚子,跑了≠饱了。在英语中送气音和不送气音却算作一套语音单位。可见,语音的性质不单单体现在物理和生理两个方面,还有社会属性,而且社会属性是语音的本质属性。

二、语音的单位

语音是人们用来感知语言、理解语言的。语音的基本构成单位是音节,但音节并不是最小的语音单位。从音色角度划分,音节由一个或几个音素组成;从构成结构划分,音节可分为声母、韵母、声调三个部分。需要特别指出的是,音节、音素是各种语言都有的语音概念,而声母、韵母、声调则是汉语特有的概念。下面分别从音素、声母、韵母、声调等四个方面对语音的单位进行阐述。

(一)音素

音素是最小的语音单位。这是从音色的角度进行划分的。普通话中的"他"和"踢"都各是一个音节,二者声母相同,声调相同,但是"a、i"不同,即韵母不同,发音就不一样,"a、i"再不能往下分了,它们就是最小的语音单位,就是音素。音节就是由音素构成的。普通话的一个音节,最少的由一个音素构成,如"啊";最多的由四个音素构成,如"状"就包括"zh、 u、a、ng"四个音素。在《汉语拼音方案》中,大多数情况是一个字母表示一个音素,如"a、o、e、p、d";有五个音素是用两个字母表示:"zh、ch、sh、ng、er"。

现代汉语共同语语音系统共有 32 个音素,可以分为元音和辅音两类。

1. 元音

元音在英语中叫作"vowel",这个词源于拉丁文,本意是"声音",指的是凡是因声带颤动发出的能够引起口腔的共鸣,而又不受其他发音器官阻碍的音。元音是能独立发音的,相对于辅音又叫母音。在汉语中,元音也是发音时气流振动声带后,在口腔、咽腔不受阻碍所发出的响亮清晰的音。发元音时,气流在口腔里不受发音器官的阻碍,只受口腔的调节,所以呼出的气流比较通畅,如"a、o、e"等。

元音的发音特点是:①气流通畅,不受阻碍;②声带全部颤动;③发音器官的各个部位均衡地保持一种自然的紧张状态;④用力均衡,呼出的气流较弱,但能从发音器官的通道上自由地呼出;⑤声音响亮。发元音时,由于声带的颤动得到气流通道上各空腔的共鸣,所以元音的响亮度比较强,容易清楚地传播出去。

2. 辅音

辅音是气流在口腔里受到阻碍,气流必须克服阻碍而发出的音。辅音又叫"子音"。在英语中,辅音叫作"consonant",这个词也源于拉丁文,本意是"协同成声",因为它在独立发音不附着元音的时候,音量微弱,不太响亮,听话的人在听觉上很难分辨是哪个辅音。所以,当人们呼读辅音音符的时候,习惯加上一个元音。例如,在呼读汉语拼音中的辅音声母"b、p、m、f"时都加上了一个元音"o",否则无法辨别。从这个角度说,辅音也叫作子音,元音也叫作母音。

辅音的发音特点是:①气流受阻。发音器官各部位对气流构成各种阻碍,才能形成各不相同的辅音。②声带有的颤动,有的不颤动。发浊辅音时声带颤动,发清辅音时声带不颤动。③肌肉要紧张点。发音器官对气流构成阻碍部分的肌肉,比其他部分的肌肉更紧张,如发"b"时口腔肌肉比较紧张,但是紧张点在双唇上。④用力较大。发辅音时气流要冲破阻碍,所以肺部用力较大,气流较强。⑤响亮度较弱。清辅音的响亮度很弱,浊辅音虽是"带音",但响亮度还是比元音小,因此辅音不容易清楚地传播出去。所以,在呼读辅音的时候,习惯上要加一个元音呼读。

3. 元音和辅音的区别

元音发音时,气流在咽头、口腔不受阻碍;辅音发音时,气流通过口腔、鼻腔时要受到某个部位的阻碍。这是元音和辅音的最主要区别。

元音发音时,发音器官各部位保持均衡的紧张状态;辅音发音时,构成阻碍的部位比较紧张,其他部位比较松弛。

元音发音时,气流较弱;辅音发音时,气流较强。

元音发音时,声带要颤动,发出的声音比较响亮。有的辅音发音时,声带颤动,声音响亮,这样的辅音叫浊辅音;有的辅音发音时,声带不颤动,声音不响亮,这样的叫清辅音。

(二)声母

声母指汉语音节中开头的辅音。"普通话"三个音节的声母分别是"p、t、h"。22个辅音中除"ng"不能当声母外(只能用在韵尾,如 zhang、chuang),其余的都可以作声母,也就是说普通话共有21个辅音声母。

此外,有的音节开头的音素不是辅音,也就是说音节的声母为零。语音学上称为"零声母",这样的音节称为"零声母音节",如"藕(ǒu)"等。有了零声母概念,可以说普通话里所有的音节都有声母,都可以分为声母、韵母两部分。汉语拼音里的"w"和"y"两个字母,只出现在零声母音节的开头,如"衣(yi)""汪(wang)"等,但"w、y"是"头母",而不是声母。它们的作用主要是使音节界限清楚。

(三)韵母

韵母指汉语音节中声母后面的部分。韵母由单元音或复元音组成,比如:"普"的韵母里的元音为"u","话"的韵母里的元音为"u、a";有的韵母中也有辅音成分,"n、ng"两个鼻辅音常在韵尾出现,如"通"的韵母"ong"里含有一个元音"o"与一个鼻辅音"ng"。

普通话韵母共有39个。其中单韵母有10个,复韵母有14个。二合韵母有9个。三合韵母有4个。鼻韵母有16个,又分为前鼻音尾韵母和后鼻音尾韵母。前鼻音尾韵母有8个。后鼻音尾韵母有8个。

韵母内部按传统的分析方法又可以分为韵头、韵腹、韵尾三部分。韵母中开口度最大、声音最响亮的元音为韵腹,韵腹前面的元音为韵头,后面的音素为韵尾。汉语并非每一个音节中的韵母都有头、腹、尾三部分。有的音节没韵头,有的没韵尾,但是绝不能没有韵腹。韵腹是音节中的主干,是不可缺少的主要组成部分。

(四)声调

声调是音节中具有区别意义作用的音高变化。由于一个音节就是一个汉字,所以也可称为"字调"。普通话有四种基本声调:阴平、阳平、上声、去声。声调在词语和语流中会发生一些变化,也就是有音变现象。

三、语音的特点成因

现代汉语语音最明显和突出的特点是有比较强的音乐性,经常表现为声音悦耳动听、音调和谐柔美、节奏鲜明突出、韵律协调有致。上述特点主要由以下三个因素决定并凸显出来。

(一)元音

汉语音节中元音占优势,这主要是因为一个音节中可以没有辅音,但是不能没有元音。普通话中,单独由元音(包括单元音和复元音)构成的零声母音节比较多见,而辅音却基本不能单独构成音节。元音属于乐音,而辅音则属于噪声,乐音多而噪声少,所以现代汉语语音的音乐性就比较突出和明显。

(二)辅音

第一,没有复辅音。一些常用外语(如英语)中,都有两个甚至三四个辅音连在一起的复辅音。不少学者认为,古汉语中也有复辅音。但是普通话无论在音节的开头还是结尾,都不存在复辅音现象,一般情况下都是辅音与元音互相间隔,音节界限就比较分明,音节的结构形式也比较整齐,另外语言也更富节奏性。

第二,清辅音多而浊辅音少。普通话的21个辅音声母中,发音时声带不颤动的清辅音有17个,而发音时声带颤动的浊辅音只有4个,相对于英语以及某些方言,这个数量是相当少的。

(三)声调

汉语的每一个音节都有声调。声母、韵母和声调构成了汉语音节的三要素,其中声调是音节的标志,声、韵相同的音节往往靠声调的不同来区别意义。普通话阴平、阳平、上声、去声以及轻声的高低起伏与变化,一方面使音节的界限分明,另一方面也使语言更具高低抑扬的音乐色彩和风格。

第三节 汉语言词汇研究

一、词汇的定义和特点

(一)词汇的定义

词是语言中一种音义结合的定型结构。词汇又称语汇,是一种语言里所有词和固定短语的总和。词汇是语言的建筑材料,所有的语句都是由各种各样的词经过一定的方式排列组合而成的。

词汇是语言中最直接反映社会生活的要素,既代表了语言的发展状况,又标志着人们对客观世界认识的广度和深度。词汇的丰富与否决定了语言的表现力的高低,个人的词汇量则往往取决于其学识、阅历的储备。词汇量等于信息量,深入生活、关注社会、阅读书籍、利用媒体是人们扩大词汇量的有效途径。

词必须具有语音形式,表示一定的意义(词汇意义、色彩意义、语法意义)。词是一种定型的结构。一个词通过不同的发音表达不同的意义,从而构成一个完整的存在。在定型后,词的音义基本上不会再发生改变。所谓结构,是指词也是由许多其他成分组成的。从语音形式方面看,它不仅具有由代表音位的音素组成的音节,而且它本身更是由数量不等的音节组合成的整体;从意义内容方面看,它是由表示意义的词素按照一定的语法结构组合而成的。因此,对一个词来说,无论在语音形式的组成方面、词素的组成方面,还是音和义的结合方面,它都是一个具有内部结构形式的整体。所以,词是一种定型的结构。

词是可以独立运用的。词作为语言符号的单位,是一个不依赖其他条件而独立存在的个体。人们在组句时,可以根据所要表达的意思,选取恰当的词,按照组句的语法规则,组成各种不同的句子。在组句过程中,词是一个可以被独立运用的备用单位。语言中有一部分是不能独立成句的,如副词"很""再",量词"群""双""只"等。但是必须明确,不能独立成句绝不等于不能独立运用,以上例词虽然不能独立成句,但它们都能被独立运用来组句,而且在句中都能充当某个不可缺少的成分。

词是最小的、不可分割的整体,这主要表现为它必须表示一个独立而完整的意义。这个意义是特定的,表示某种特定的事物或现象。一般情况下,不能把词的意义看成它组成成分的简单相加。因此,词也不能再被分割,否则这个词就会失去原有的意义而不再存在,或者因改变了原来的意义而变成另外的词。

(二)词汇的特点

1. 构词语素以单音节为基本形式

语素是语言的最小单位,也是构词的最小单位。在汉语中,单音节语素占绝大多数。在口头上,一个单音节语素指的是一个带声调的音节,而在书面上则是一个汉字,它们基本是语义的承担者。汉语的单音节语素有两种存在方式:一是独自构成单音节词;二是与其他的语素或词缀相结合,构成合成词。

双音节和多音节语素始终是少数,它们构成的基本是古代汉语遗留下来的联绵词以及各个时期音译的外来词。

2. 构词方式以词根复合为主

一般语言的造词方法主要有两种,即"词根+词根"的复合法与"词缀+词根"或"词根+词缀"的派生法。汉语造词方法以复合法为主,派生法为辅,并且表现出以下三个明显的特点。

第一,有意义的单音节语素差不多都能充当词根语素。

第二,复合词的构造与短语及句子的构造基本一致,用得最多的是并列、偏正、动宾、动补、主谓这五种组合方法。

第三,完全虚化(即不表示任何词汇意义)的真正词缀非常少,只有为数不多的几个,所以真正的派生词数量也不多。

3. 以单音节和双音节为基本音节形式

汉语词汇的一个最重要的发展趋向是单音节词的双音节化,这既显示了汉语音节节奏的整齐美,又反映了汉民族的一种审美心理,另外还有效地减少了单音节词的同音词多和多义词多的现象。所以,古往今来,有大量的单音节词被双音节词替代,常见方法主要有五个。

第一,意义相近、相关或相反的单音节词并列成词,如"语言、手足、窗户、高低"等。

第二,添加词缀或"准词缀",如"老师、狮子、学者、同化"等。

第三,添加修饰或限定语素,如"黄河、春耕、春天、改正"等。

第四,替换,如将"目"替换成"眼睛",将"惧"替换成"害怕"等。

第五,重叠,如"微微、纷纷、舅舅、星星"等。

此外,词汇发展中的双音节化取向还表现在如下三个方面。

第一,保留大量古汉语中的双音节词,如"俸禄、惆怅、典范、遵循"等。

第二,把一些多音节短语或词进一步缩减为双音节词,如"整风、扫盲、花生、机枪"等。

第三,新生词语以双音节为多,如"电脑、手机、蚁族"等。

双音化的结果,是现代汉语中的双音节词占了绝对的优势。但是,这只是就数量来说的,如果就词的使用频率来看,情况则有所不同。《现代汉语频率词典》显示,在使用频率最高的 100 个词中,双音节词只有 15 个;在前 50 个高频词中,双音节词只有 3 个,分别是"我们""他们"和"自己"(第 50 位)。特别是在日常口语中,那些超高频和高频词均以单音节词为多。所以,如果对现代汉语词的音节形式分布及其使用特点作一个较为准确的表述,则应当是单、双音节并重。

二、词汇的分类

在现代汉语词汇的分类中,在国内学术界最为流行并被作为比较成熟的词汇学研究成果编入现行各种现代汉语教科书的是关于基本词汇和一般词汇的分类。

(一)基本词汇

基本词汇是词汇中的主要部分,其包括的词叫作基本词。

1. 基本词汇的特点

(1)全民性

基本词汇中的基本词所表示的都是全体社会成员在日常生活里所使用的最基本、最常用的概念或关系,不分阶层,不分职业,不分文化程度。

(2)稳固性

基本词汇中的词所反映的事物或现象都是人们生活中最必需、最重要、长期存在的,因而表示这些事物或现象的基本词汇也就随之长期存在,具有稳固性。但稳固性是相对而言的,基本词汇也有变化。

(3)能产性

基本词具有比较强的构词能力,是构成新词的基础,如"大",由"大"构成的词就将近 400 个。

2. 几组重要概念

词汇的核心是基本词汇,基本词汇的核心则是根词。它们是基本词汇中构成新词的能力很强的词,如"天、地、山、水、人、大"等,都是根词。

为了进一步理解根词,需要区分以下两组概念。

(1)根词和基本词

在基本词中,有许多构词能力很强,本身是可以独立运用的词,它们经常充当构成合成词的语素,这些基本词是根词。

根词和基本词的区别在于,根词的构词能力特别强。根词一定属于基本词,而基本词并不是每一个都有很强的构词能力,如基本词中的代词和虚词等构词能力并不强。

(2)根词和词根

因为根词具有构词能力强这一特点,所以与构词法中说到的词根有了联系。当根词不是作为一个可以独立运用的词,而是作为一个语素,同其他语素构成合成词时,它就成了词根,如"天":"解放区的天,是明朗的天。"这句话中的"天"是一个词,是根词。在"天才、天空、天气、天使、天涯、春天"等词中,"天"是构词成分,是语素,是词根。

而词根,不一定同时又是根词,它的情况较为复杂。

有的词根是不成词语素,即使它有很强的构词能力,但是它只是语素,不是词,当然也就不是根词。例如,"民"可以构成很多合成词,如"民主""民族""民乐""民心""农民""人民""居民"等,但不能独立成词,所以在现代汉语中不是根词。

有的词根虽然可以独立成词,是成词语素,但构词能力不强,没有普遍性,也不能成为根词。有的词根既可以是词根,也可以独立成词,而且构词能力强,有普遍性,当它独立成词时就是根词了。

根词和词根是不同性质的概念。根词是词,是就这些词与词汇系统的关系说的,与基本词及一般词相对而言。根词是基本词汇的核心部分。词根是语素,只是就合成词的内部构造说的,与词缀相对而言。词根是合成词中的核心部分。

(二)一般词汇

语言中基本词汇以外的词构成一般词汇。基本词汇和一般词汇的关系是相互依存、相互渗透。

一般词汇按照构成成分的不同来源,主要分为古语词、方言词、外来词、借形词、新造词和专业词语等。

1. 古语词

古语词是产生于古代汉语,在古代汉语里用过,在现代汉语一般不常使用,只有在一定场合、一定要求下才使用的词语。

古语词既不是仅在古代汉语中使用而在现代已经消亡的词语,也不是从古代一直沿用到今天仍在口语中大量使用的词语。汉语是有着悠久的历史文明和灿烂的文化背景的语言,古代留下来的丰富的书面文献,成为现代汉语不断丰富其词汇的一个十分独特的源泉。

古语词包括历史词语和文言词语两种。

(1)历史词语

历史词语表示本民族历史上出现过但现实生活中已经消失了的,或神话传说中的事物现象的名称,如"鼎、井田、宰相、夸父"等。

鼎:商周时期的炊器,多用青铜制成,圆形,三足,两耳。

井田:相传殷周时代的土地制度,把土地划成井形,中间为公田,其余为私田。

宰相:古代辅助君主掌管国事的最高官员的通称。

夸父:神话中一位追赶太阳的人。

到了现代,历史词语一般只在说明历史现象和事物时使用,多见于历史学著作。

(2)文言词语

文言词语在古汉语中用过,它们表示的事物、现象、观念在现实生活中还存在,但现代汉语已不再使用它们来指称,已经有现代词语代替它们,如"尚、民、父、谓、乃、之、乎、者、也"等。

文言词语一般有同它对应的现代词语存在,这是历史词语所没有的性质。

在古代汉语词汇中,典雅规范的文言文书面词语,是现代汉语吸收的主要对象。

古语词在现代汉语中的运用,受到一定题旨情境的制约,使用得当,可以产生很好的表达效果。在文学作品中适当运用古语词,可使表达典雅、委婉而多情趣;在科技语体中经常使用单音节的古语词,可使表达简洁、凝练;将古语词用在贺电、唁电、重要声明中,可使表达具有庄重、严肃的感情色彩。

2.方言词

方言词有广义和狭义两种理解,广义的方言词指各种方言里的词,狭义的方言词指从方言里吸收进普通话的词。

吸收方言词应该注意:①不吸收与普通话词汇在意义、色彩方面完全相同的方言词,而应吸收方言词中那些表示特殊意义、人物的生动形象或地方性人物特征的词;②不吸收对丰富普通话词汇无积极作用的方言区词;③基础方言中同时使用的几个意义完全相同的词,应当选用其中最普遍通行的。

3.外来词

外来词是从外族的语言词汇中吸收进普通话词汇中的词。外来词进入汉语以后要在语音、词汇、语法等方面进行改造,如语音方面有了声调,语法方面失去了形态标志等。

外来词进入汉语有四个高峰期:①汉朝,张骞出使西域后,出现波斯语的词;②汉朝到唐朝,特别是玄奘取经后,出现大量有关佛教的梵语词;③明末清初至20世纪初,分别从英语和日语借入;④改革开放以后,出现大量的英语词。

使用外来词要注意:基础方言和非基础方言同时吸收进来的外来词,一般采用基础方言;尽量采用意译的外来词;音译的外来词尽可能采用通用的形式。

4.借形词

借形词又称"形译词",指的是形、义都和原词相同,只是读音改变的词语。近代以来,汉语在借用这些词语的时候,往往"连形带义"一道借用,读音却采用汉语读音。

5.新造词

新造词是为了适应社会发展的需要而创造出来的新词。

新造词构成的途径包括两点:一是利用既有的基本词或语素,按照汉语的构词法直接构成;二是由短语减缩而成。

6.专业词语

专业词语是指各个行业和科学技术上应用的词语,分为行业语和专门术语。专业词语可能产生引申义,运用到社会生活中成为通用词。

三、词汇的构造

词是由语素构成的,而语素是如何构成的就涉及词汇的构造。按其构造方式的不同,词汇可分为单纯词和合成词两大类。

(一)单纯词与合成词的概念

1.单纯词的概念

单纯词是由一个语素构成的词。无论音节多少,只要由一个语素组成都是单纯词,如"山""好""树""摇""二""很""的""了""扑通""蝴蝶"等。

2.合成词的概念

合成词是由两个或两个以上语素构成的词。无论是词根语素还是词缀语素,只要由两个或更多的语素组成都是合成词,如"报纸""哥哥""思想""睡觉""提高""自卫""胖子""星星""黑乎乎""白茫茫""计算机"等。

(二)单纯词的语音结构

从上面所举的例子可以看出,单纯词的语音结构不是单一的,其中有单音节的,也有多音节的。多音节的词无论音节有多少,单个的音节都不表示意义,只有几个音节组合起来才能表示意义。对于多音节的单纯词而言,其内部的声音形式之间可能具有不同方面的联系。多音节的单纯词从声母、韵母、音节之间有无联系、有什么样的联系这个角度分类,可以分为以下几种。

1. 联绵词

联绵词是由两个音节连缀成义的单纯词,主要包括以下几种。

①双声联绵词。双声联绵词指构成的两个音节的声母相同的联绵词,如"仿佛""鸳鸯""伶俐""蜘蛛""蹊跷""坎坷""参差""忐忑""含糊""澎湃"等。

②叠韵联绵词。叠韵联绵词指构成的两个音节的韵母相同的联绵词,如"骆驼""逍遥""混沌""霹雳""苗条""蹉跎""牡辘""迷离""深沉"等。

③非双声叠韵联绵词。非双声叠韵联绵词指构成的两个音节既非双声又非叠韵的联绵词,如"葡萄""蝴蝶""鸳鸯""芙蓉""鹧鸪""蜈蚣""囫囵"等。

2. 叠音词

叠音词指由一个音节重叠而构成的词,如"猩猩""姥姥""侃侃""翩翩""孜孜""冉冉""喋喋""迢迢""谆谆"等。

3. 拟声词

拟声词是模拟客观事物、现象的声音而形成的词。例如,"嘎吱""知了"就是模拟事物发出的声音而形成的词。又如"叮当""扑通""哗啦""轰隆""扑哧""吧嗒""噼里啪啦""稀里哗啦"等。

4. 译音词

译音词是指模拟外语词的声音形式而形成的词。例如,"咖啡""的士"就是模拟英语词的声音形式形成的词。又如"幽默""巴黎""吉普""马拉松""白兰地""歇斯底里"等。无论音译词的音节有多长,单个的音节都

· 55 ·

没有意义。

(三)合成词的构成方式

1. 复合式

复合式是由词根和词根组成的合成词。词根和词根的组合方式不同,形成该种合成词内部结构的方式也有差异,主要有以下几种类型。

(1)联合式

联合式复合词由两个意义相同、相近、相关或相反的词根并列组成,如"城市""艰难""制造""头绪""骨肉""岁月""动静""得失""来往"等。构成联合式的各部分之间是平等并列的关系,没有主次之分。

(2)偏正式

偏正式复合词是由前一词根修饰、限制后一词根形成的词,如"书包""绿豆""汉语""导师""长跑""狂欢""蜂拥""重视""牛皮纸""毛毛雨"等。前后语素之间具有修饰与被修饰的关系,起修饰作用的前语素是偏语素,被修饰的后语素是正语素。

(3)补充式

补充式复合词是由后一词根补充、说明前一词根形成的词,如"提高""改正""弄清""说明"等,前一语素往往表示某种行为动作,后一语素表示动作行为的结果。另有一些补充式,如"松树""梅花""布匹""花朵""泪汪汪""白茫茫"等,前一语素表示一种事物或现象,后一语素用表示的物类、单位或情状对前语素进行补充说明。

(4)动宾式

动宾式复合词是由前面表示行为动作的词根支配后面表示关涉事物的词根形成的词,如"知己""担心""观光""吃力""理事""负责""剪彩""冒险""动员""接力"等。前一语素表示行为动作,后一语素表示动作行为所支配的对象。

(5)主谓式

主谓式复合词的前一词根表示被陈述对象,后一词根是陈述前一词根的,如"目击""地震""肩负""霜降""日食""事变""胃下垂"等,前后两个部分是陈述和被陈述的关系。

2. 重叠式

重叠式复合词是由相同的词根重叠而成的词,如"星星""白白""区区""落落""爸爸""姐姐""星星点点""老老少少""花花绿绿""坑坑洼洼"等。

一个词根重叠形成的双音节词的意义与重叠之前的词根的意义是一致的,由两个词根分别重叠构成的四音节词是在重叠之后取得词的资格的。

3. 附加式

附加式复合词是由词根和词缀组成的合成词,根据词缀所在的位置分为以下两种情形。

(1)前缀+词根

词缀在前,词根在后,如"老师""阿姨""老虎""老百姓""阿哥""阿妹""第一""初二"等。

(2)词根+后缀

词根在前,词缀在后,如"扣子""桌子""现代化""甜头""作者""自觉性""风儿""突然""忽然""邮递员""酸溜溜""黑乎乎"等。

同样是词缀,构词的情形并不完全相同,有些如"老师""老百姓"中的"老""桌子""石头"中的"子"没有什么意义,主要陪衬音节。有些有一定附带的意义,如"第一""初二"中的"第""初"表示次第的意义,"酸溜溜""黑乎乎"中的"溜溜""乎乎"带有某种强化的意义。还有些词缀表示一定的语法意义,如"扣子""想头"中的"子"和"头"将动词"扣"和"想"变成了名词。此外,同样一个成分可能属于不同性质的语素,如"老",在"老者""老人""长老"等词中是词根语素,在"老师""老鼠""老虎""老百姓"等词中是词缀语素,应注意分辨。

合成词可以由两个语素组合而成,也可以由多个语素(两个以上)组合而成。该类复杂的合成词有多个结构层次,每个结构层次都有自己的结构关系。如"痱子粉""痱子"和"粉"是一个大层次,二者之间是偏正关系;其中"痱子"内部还可以再分出一个层次"痱"和"子",二者之间是词根加词缀的附加关系。无论怎样复杂,合成词的结构关系都应以第一个结构层次为依据来确立。

第四节 汉语言语法研究

一、语法的定义

(一)语法的概念

语言是按一定构造规则组织起来的,语法就是语言的构造规则。例如,在"外国朋友吃比萨"这个句子中,"外国"与"朋友"构成定中短语,"吃"和"比萨"构成动宾短语,"外国朋友"与"吃比萨"构成主谓短语,最后加上语调形成了句子。这个句子不能说成"比萨吃外国朋友"或"吃外国比萨朋友",也不能说成"比萨外国吃朋友",因为这些说法不符合汉语语法规则。这说明,词语的组合不是任意的,必须接受语法规则的制约才能表达明确的意思。语法规则对语言表达和语言理解有着非常重要的作用。

语法这个术语,一是指语法事实,二是指语法理论。语法事实是指语言中客观存在的语法规律;语法理论指的是描写、解释语法规律的理论,即语法学。如"语言表达要合乎语法规范,学点语法是有好处的"这句话,前面的"语法"指语法规律,后面的"语法"指语法学或语法知识。客观存在的语法规律需要语言研究者去认识、发掘,并对其进行归纳和整理,语法学说和理论是由语言学家创立的。由于语言研究者的研究背景、学术渊源、掌握的材料和观察问题的角度不同,有可能形成不同的语法学说,即语法学理论。这些理论面对同一语法事实,可能有不完全相同甚至完全不同的解释,这属于语法研究过程中的正常现象。

传统语法把语法分为词法和句法两部分,词法研究词的构成和形态变化,句法研究短语和句子的构成。由于汉语缺乏严格意义上的形态变化,词、短语和句子通常采用同一套结构规则,因而汉语语法研究主要在词、短语和句子三个层面上进行。

(二)语法的性质

语法具有抽象性、稳定性和民族性。

1. 抽象性

抽象性是指从具体的语法事实中概括出的语法规则具有抽象的性质。例如,"目击、地震、雪崩"都是主谓式的合成词,"看书、讲文明、点燃希望"都是动宾短语,"他把水杯打碎了"和"孩子把衣服撕破了"都是把字句。可见,语法是抽象出来的格式,舍弃了个别的、具体的内容。现代汉语的语法单位如词、短语和句子不计其数,但是其结构规则是有限的。语法学的任务就是揭示组成词、短语和句子的结构规则,以便学生以简驭繁,认识复杂的语言现象。学生只要掌握了有限的结构规则,便能创造出无限个词、短语和句子。

2. 稳定性

社会是发展变化的,语言也随之发展变化。与语音、词汇相比,语法的变化相对缓慢,具有一定的稳定性。首先,语法规则具有延续性,甲骨文中汉语就使用主语在前、谓语在后的格式,如"今日其来雨",现代汉语译为"今天将要下雨吗",今天仍然使用这种格式。其次,语法规则的替换或消亡要经过漫长的时间才能完成。如"廉颇者,赵之良将也"这种古代汉语判断句,它是名词或名词性短语作谓语,现代汉语的判断句一般要用判断动词"是",如"廉颇是赵国的好将领"。但古代汉语的这种用法至今还未完全消亡,在现代汉语里偶尔还出现,如"老舍,北京人"。再次,一些新出现的规则要经过很长时间才能普及使用。像"很+名词"这样的结构,一开始出现的时候人们感到很突兀,时间长了,慢慢地开始接受了。一般说来,新语法规则的形成和旧语法规则的消亡,都有一个很长的过程。语法的稳定性是由语言交际的性质决定的,因为短时间内变换一套新的规则将会使人们在语言表达中无所适从,不利于交流。

3. 民族性

汉语语法具有明显的民族特点。与英语比较,英语数词与名词可以直接组合,汉语一般在数词和名词中间加量词,如"两本书"。汉语的大多数名词没有"数"的概念,只有指人的普通名词加"们",英语所有名词都有"数"的语法意义,一般情况下,名词复数加"s",有的加"es"。两种语言表达语法意义的手段有很大的不同。

二、语法的特点

汉语缺少严格意义上的形态变化,这是语法方面的主要特点。如英语的"take",有时变为"took、taken、taking"。汉语的"拿",不论出现在什么位置,都没有形态变化。由于汉语具有这个特点,便产生以下几个语法现象。

①动词、形容词可以充当主语或宾语,如"坐着舒服""虚心使人进步""我喜欢在海边游泳""女孩子都爱漂亮"。

②动词可以直接修饰名词,如"遗留问题""出发地点""分别时间""说话口气"。

③名词可以直接修饰动词,如"资格审查""个别交谈""长期休养""低空飞行"。

在汉语句法结构中,语序的安排具有重大作用,这也与缺少词形变化有关。例如,词组中有主谓结构,而没有谓主结构;有偏正结构,而没有正偏结构,至于句子,由于语用的需要,语序就比较灵活了。

别的一些语言用形态变化表示的意义,汉语常用虚词来表示。例如,用介词"被"表示被动,用助词"了""着"表示时态等。

现代汉语还有一个值得重视的特点,那就是单双音节对语句结构的影响,如有些单音节词在使用时受到一些限制。例如别人问:"贵姓?"可以回答"姓李",也可以回答"欧阳",但不能单说"李"。问日期,可以回答"五号",也可以回答"十五",但不能单说"五"。问地名,可以回答"沙市""梅县",也可以回答"天津",但不能单说"沙""梅"。有些单音词不能在句首出现,如可以说"刚刚我看到他",不能说"刚我看到他"。有些双音词后边必须接双音词,不能接单音词,如"加以""进行""大力""逐步"等。

汉语既是我国人民的交际工具,也是汉民族的重要特征之一。只有深刻地认识汉语的特点,才能了解和掌握汉语的内部发展规律。

三、句子的成分

(一)句子成分概述

句子成分是构成句子的若干语法单位。所有的句子都是由它们以不同的样式形成的。

句子是语言的基础结构单位。我们研究语法主要就是研究句子,研究句子就是研究句子内部是如何构成的、如何表现的,而主要任务之一就是研究句子成分。句子成分是人们经过长期观察、概括而确定的。这是很了不起的,因为这使我们得以认识句子内部的关系。

人们概括了如下几个句子成分:主语、谓语、宾语、定语、状语、补语。这样的概括应该说是比较成熟的,是能站得住的。因为这几个成分所形成的句法结构框架,反映了客观事物规律性的存在,高度概括了个体客观事物存在的关系状况及活动变化状况,所以它必然被普遍认可。

世界上有各种各样的语言,它们的基本结构框架大多类似于以上句子成分框架。这些句子成分是在句子内的词、短语等的选择搭配中,显示出不同句法位置功能的成分单位。

句子成分体现了句子内部的结构关系:这个成分的功能作用是什么,那个成分的功能作用是什么,它们之间的关系又是怎样的。这便体现了范畴语义关系。范畴语义关系是抽象的、概括的,是句子成分及其框架存在的基础。

有一个问题需要思考,那就是词类和句子成分的关系。我们曾说,句子是由词和短语构成的,这里又说,句子是由句子成分相联系组成的。那么这二者之间又是什么关系呢?

句子成分以词类(主要是实词类)为内容实物,而词类在句子内以句子成分为依托。如果没有词类(体现出物质的实际的东西),句子成分便是虚的,所以它们必须由词类来充实。但是没有句子成分这个句子的基本框架为依托,实词也就不能体现出句子的语法关系来。比如,我们不能说动词前边的是名词(也可以是其他词类),动词后边的也是名词(也可以是其他词类),这样就难以把问题说清楚。只有二者相结合,既能体现出句子内部的结构关系,又是实实在在的,才能满足交际的需求。

句子结构需要具体化,这必须得有词类的介入,句法分析具体化依赖词类分析具体化。

句法分析,句子成分分析,主语、谓语(中心语)、宾语、定语、状语、补语分析应该具体化、实用化,应该看得见、摸得着、用得上。如何才能达到具体化呢?这就需要引进词类分析。只有进入句子结构的词类分析具体化,才有可能显示出句法分析具体化,而句法分析具体化要依赖实词类分析具体化。

语法研究的目的最重要的应该是为语言的使用者服务。从根本上说,理论应该是对研究对象的调查、分析、概括、总结,理论又是指导实际的。我们应该有一套语法理论、一套语法体系、一套具体的规则、各样的特征及特征系列的描写。这样既有理论,又有实际内容,才是完善的。

首先介绍宾语分析具体化。充当宾语的多是名词类。受事宾语对名词类是开放的(属开放类),即一般名词都可以进入宾语位置,自由替换。而其他类型的宾语(工具宾语、目的宾语、方式宾语、原因宾语等)对名词类不是充分开放的,属封闭类,即只有少部分名词才能进入这些类型的宾语位置。因为它们数量少,又没有推导性,便有可能也有必要把它们全部列举出来。这样宾语分析显得具体而便于操作、认识。

其次介绍状语分析具体化。对于状语分析,先要按词类类别为状语分次类。如副词状语次类,其状况怎样,有什么特征;介词短语状语次类,其状况怎样,有哪些特征;形容词状语次类,其状况怎样,有哪些特征;其他次类,其状况怎样,有哪些特征。这样,充当状语的词类分析具体化了,也就显示出状语成分的具体化。

最后介绍补语分析具体化。补语位置是各个实词类显示自身具体特征的最多、最显眼的位置。补语位置也是动词虚化的位置,如"抓住、看透、看穿"等,其中的"住、透、穿"等都是动词虚化词。补语位置也是词的非自主化的位置,如充当单词补语的动词都是非自主动词,充当单词补语的形容词也常是有变化功能的形容词(这种变化也是非自主的)。补语也是加重程度的位置。比如,能够作补语的副词有"极"(难受极了)和"很"(瘦得很)两个都是加重程度的副词。

从以上举例可见,句法具体化主要依赖词类具体化。下边简单介绍各句子成分。

(二)主语和谓语

主语和谓语是句子层面的两大部分,一个是被说明者,一个是说明者。要把句子观察清楚,需要对主语和谓语进行再分类。主语首先可以分为话题主语和施事主语,和它们相对存在的便有特别主语,与其相对应的是特别谓语。

话题主语相对应的是谓语的整体。谓语包括各种句子成分:谓语中心语(动词、形容词)、宾语、补语、定语。话题主语是被说明的部分,谓语是说明部分。

施事主语相对应的主要是谓语动词。施事主语是动作行为的发出者,动词是动作行为的体现者,但是动词并不是孤立地来体现的,它是和其他句子成分相结合来体现的。

特别主语主要是和施事主语相比较而存在的。有不同类的动词,也就构成了不同类的谓语,形成了不同类的相对应的主语。另外,特别标识类的句式,由于有特别的句子结构模式,也会显示特别的主语和特别的谓语句式来。

(三)宾语

宾语是一个比较复杂的句子成分,它的复杂性体现在它可以由不同的名词充当。名词进入宾语位置似乎很随便、很灵活,这样便出现了与动词的各种不同的语义关系。

一个动词和一个名词(包括名词短语)简单地结合,没有其他的语法成分相依托,便体现出了丰富的、不同的内容关系,这是汉语语法的特别之处,也是其魅力所在。那么这里的巧妙之处在哪里呢?要想回答这个问题,需要克服认识上的一种障碍,即对语义作用的评估。因为解决这个问题首先需要从语义入手,从语义关系上可以分出直接宾语、间接宾语,进而分出受事宾语、处所宾语、对象宾语,再分出工具宾语、目的宾语、原因宾语、方式宾语、方面宾语、角色宾语等。这样分类涉及三个方面:其一是跟动词分类有关系,其二是跟名词的分类有关系,其三是跟语义范畴分类有关系。再进一步观察分析会发现,这样分类跟不同的介词选择、移位有关系,这便可以让我们看到宾语不同类别的形式依据。

另外,宾语还有结构上的类别:双宾语类、动词短语宾语类,依据这一线索,我们能够把宾语及其分类理得清楚些。

(四)补语

谓语中心语后边有两个成分,一个是宾语,另一个是补语。补语的内部有数量词补语、介词短语补语、趋向词补语、单词补语、短语补语等。

从补语的功能关系看,有的是表示程度的,有的是表示结果的,有的重在叙述或描写。从语义指向关系来看,有的是指向中心语的,有的是指向主语的,有的是指向宾语的。

总的来看,宾语是名词性的,而补语则是动词性的,也可以说是叙述性的。动补结构常常是一种综合的形式,也就是两个叙述凝缩综合而形成的。

宾语的复杂性体现在语义类型的众多、关系的多样上,而补语的复杂性不仅体现在它内部类型的多样性,还体现在它的凝聚综合性上。补语的这种状况,也显示了汉语语法结构的特点和汉语以比较简单的结构形式表达着丰富而复杂的内容的特点。

补语总的系列特征包括:①充当补语的词类,短语的选择特征;②语义内涵及指向的选择特征;③和中心语选择组合的特征;④虚化的选择特征;⑤提问、作答的选择特征;⑥略化的选择特征。

(五)状语

"主语+中心语+宾语"是句子的主干框架,但是句子的结构往往根据交际表达需要进一步丰满、细致,仅有"主干"是不够的,还需要辅助部分,即状语和定语。

状语一般位于谓语中心语的前边,由副词、介词(短语)、形容词等构成,描写、说明中心语。

以实词为中心语的句子需要显示动作行为或事件的时间、处所、范围、频率、语气、情态、轻重程度、行为的方向、对象、缘由、依据及各种状态,这样的表达内容便由状语来承担。只有补充了这些,句子才能表现得比较圆满。

谓语中心语的前边是状语的常在位置,而主语的前边是状语的可在位置。作状语的某些词语也可以位于中心语的后边,如"极、很、直直地(站得直直的)"等,不过这都算在补语类里了。但是它们的功能作用和状语是一样的。

状语总的系列特征包括:①在句中所处的句法位置选择特征;②充当状语的词类、短语选择特征;③对否定词的选择特征;④提问和作答的选择特征;⑤语义指向的选择特征;⑥状语分裂的选择特征。

(六)定语

定语是句子结构的另一个辅助成分,它位于主语、宾语中心成分(名词)的前边,起描写、说明、修饰的作用。

中心成分名词(指人或事物)需要显示数量、时间、处所、归属、范围、性质、状态、某方面的特征、用途、来源、质量等,这样的方方面面都由定语来承担,只有补充了这些,所指的人或事物才能表现得更圆满、细致。

作定语的词语有数量词、代词、形容词、动词、主谓短语、介词短语等。

定语总的系列特征包括:①充当定语的词类、短语的选择特征;②定语和中心语(名词)的选择特征;③定名偏正短语略化的特征;④提问、作答的选择特征。

第四章 汉语言文学的审美研究

审美教育是汉语言文学发展的重要途径。本章主要对汉语言文学的审美教育进行不同角度的阐述,包括汉语的语言与审美功能、汉语的口语与审美特征、汉语文字创作与节律美三个方面。

第一节 汉语的语言与审美功能

一、汉语声母及其审美功能

汉语音节是由声、韵、调配合组成的。声即声母,汉语声母有其特殊的性质,且对汉语诗文节奏、汉语修辞以及主体情思的表达,具有重要的美学功能。

(一)汉语声母的性质

声母指汉语音节开头的部分,一般由辅音充当,如"中国"这两个音节的开头部分就是辅音"zh"和"g"。没有辅音开头的音节,也虚设一个声母,称为"零声母",如古代的影字母、喻字母,现代以半元音"y、w、yu"和元音开头的字。

传统音韵学所谓的"声""声纽""声类""音纽""字母""母"等,即指声母。声母,是由口腔里发音器官构成阻碍的某两个部位发出的。按声母的发音部位分类,传统上有"五音"(喉、牙、舌、齿、唇)和"七音"(五音基础上,外加半舌、半齿)之说;普通话声母分成了双唇音、齿唇音、舌尖前音、舌尖中音、舌尖后音、舌面音、舌根音七类。

声母的发音方法包括发音时构成阻碍和克服阻碍的方法,气流强弱的情况以及声带是否颤动等几个方面。按声母的发音方法分类,传统上有清、浊之分,然后又细分为全清、次清、全浊和次浊;普通话有塞音、擦音、塞擦音、鼻音和边音之分。

古代没有音标,归纳出的声母就用同一声纽中的某个汉字来做代表,这个字就称"字母"。传统音韵学归纳出36个字母,或称"守温字母";普通话有21个辅音声母,1个零声母;开头为元音的音节、汉语拼音开头写成"y"和"w"的音节都假设其声母为"零"。

汉语声母,因其各具不同的音值,而各具某种特殊的表现性。

(二)汉语声母的审美功能

汉语声母之不同的音值,各自不同的表现功能,使其具有审美功能。

双声、叠音词最早出现于连绵字中。连绵字是古人为追求语音美而创造的双音节单纯词。连绵字虽然也有不属于双声叠韵的,但属于双声叠韵的连绵字占绝大多数。古人利用这样的连绵字来加强诗歌的音乐性。《关雎》用了一个叠音词和八个双声叠韵的连绵字;《月出》是一首具有特殊风格的双声叠韵诗,三章内容雷同,只是运用双声叠韵法,化一章为三章,从而取得回环美的艺术效果。

后来,随着语音的演变,又产生了大量的双声、叠韵、叠音复合词或词组。在这些双音节词中,因其存在声韵律音步节奏而极富美感。在现实生活中,这些极富美感的双音节词已渗透在各个领域,尤其是通过表演艺术走入了千家万户。

对双声、叠韵和叠音的运用规律,前人曾做过一些有益的探索。双声叠韵和叠音,必须与声韵律节奏配合,不能跨节奏使用,以免拗口,破坏美感。同时,汉语语音链中也不宜连续使用过多的双声字或叠韵字,否则就会显得单调、呆板,成为文字游戏。

二、汉语韵母及其审美功能

汉语音节是由声、韵、调配合组成的。韵即韵母,汉语韵母有其特殊的性质,且对汉语诗文节奏和结构、汉语修辞以及汉语文学风格的形成具有重要的美学功能。

(一)汉语韵母的性质

韵母是指汉语音节中声母以后的部分,包括韵头、韵腹、韵尾三部分,但并非所有的韵母都具有这三部分。其中,韵头和韵腹都由元音来充当;韵尾既可以是元音,也可以是辅音。韵母,必有韵腹;故,汉语韵母中,没有不带元音的。

韵母,传统音韵学称为"韵",古代的韵,有时不止一个韵母,而包括了多个韵母。古代韵母比较繁复。古韵母到今韵母,发生了一些变化,如等呼和韵尾的简化,韵部的合并及分化等。今天,普通话中的韵母仅39个,单韵母10个,复合元音韵母13个,韵尾为辅音的鼻韵母16个。

不论古代音系,还是普通话音系,汉语音节的韵感十分强烈。可以毫不夸张地说,汉语音节的这一审美特征,正是韵母的乐音性质赋予的。

(二)汉语韵母的审美功能

由于汉语韵母的乐音性质,使之具有重要的审美功能,具体分析如下。

1.汉语韵母与汉语诗文节奏

宇宙间的事物没有一样是没有节奏的,譬如寒往则暑来,暑往则寒来,寒暑相推,四时代序,这便是时令上的节奏;又如高而为山陵,低而为溪谷,陵谷相间,岭脉蜿蜒,这便是地壳上的节奏。宇宙内的东西没有一样是静止的,就因为都有一种节奏在里面流贯着。文艺家的任务就在于表现事物的节奏,在一切静止的东西里面看出生命,在一切平板的东西里面看出节奏来。从这个意义上讲,艺术的生命正在于其运动变化的节奏。真正的艺术是不可以没有节奏的。若诗文中没有节奏是不可想象的,汉语诗文的节奏规律与汉语的特点关系密切,尤其与汉语韵母的关系最为密切。汉语诗歌以押韵为常例。所谓押韵,是以汉语韵母为基础,把两个以上韵母相同或相近的字放在诗句的同一位置上,使声音和谐悦耳。用来押韵的字称为"韵字",安排在句末的韵字称为"韵脚",句中的称"句中韵",句首的称"句头韵"。汉语诗歌以句末押韵最为常见,一般人所说的押韵,主要指"脚韵"。

押韵是形成汉诗韵律节奏的重要手段,是由声韵异同对立统一产生的往复型节奏群。凡押韵的句式,可以使第一个韵唤起对再次出现的韵的期待和悬念,再次出现的韵又唤起对前一个韵的回忆。这就不但出现了语音上的往复,也产生了感情上的联系。

押韵是以多个字的相同或相近的韵母为基础的,由于汉语音节的韵尾均由具有乐音性质的元音或浊鼻音(n,ng)充当,故使押韵的诗句读来分外和谐悦耳。一般而言,中国古典诗歌尤其是近体诗在押韵上有严格的要求,因此读来朗朗上口、节奏感很强。

净化过的口语流畅、纯净,大致整齐的脚韵上口、悦耳。借此,我们可以咀嚼出丰富的情感内涵。优秀的现代诗人一般都能继承古典诗词讲究往复型声韵律节奏的传统,锤炼诗作的节奏。

散文的句式虽然长短不一,但优秀的散文也往往利用汉语韵母的乐音性质,创造往复型声韵律节奏。

白话散文尚且利用汉语韵母的乐音性质形成文句中的声韵律节奏,古代散文中的优秀篇章更是利用汉语韵母特性锤炼了不可胜计的、优秀和谐的声韵节奏。

2.汉语韵母与作家主体情思

(1)韵语与情感对应说存在偏颇

从语言与言说主体的关系看,可以说语言是情感的符号;汉语表达,尤其是汉语音节中的韵母,的确与人的主观情思存在一定的关系。《韵语的选用与欣赏》把汉语诗文中的韵语完全与作品的思想感情一一对应,认为:凡"佳、洽"韵的韵语都有悲哀的情感;凡"微、灰"韵的韵语都含有气馁抑郁的情思;凡"萧、肴、豪"韵的韵语都含有轻佻、妖娆之意;凡"尤、侯"韵的韵语都似乎含有千般愁怨、无法申诉的意味;凡"寒、桓"韵的韵语都含有黯然神伤偷弹双泪的情愫;凡"真、文、魂"韵的韵语都含有苦闷、深沉、怨恨的情调;凡"庚、青、蒸"韵的韵语都含有淡淡的哀愁、似乎又有相当的理智的情愫;凡"鱼、虞、模"韵的韵语都含有日暮途穷、极端失意的情感。事实上,在某一首诗里,某韵语与某一特定感情相一致是很有可能的。但若据此就认定一个韵部只能表达某种特定的感情,就难免有些牵强了。

(2)韵的音响类型与情感表达

①洪、细音与情感表达。韵语与情感虽然不是一一对应的,但韵的音响类型与情感表达确有一定的联系。

洪音、细音是等韵学中常用的概念。凡是舌位较低较后的元音听起来响亮一些的就是洪音;凡是舌位较高的元音听起来低沉一些的就是细音。这当然是相对的,所以洪音又可分为洪大、次大,细音又可分为细和更细。可见,洪音之字代表的是宏大的观念,如崇高、宽阔等。洪音、细音各自代表的情感色彩不是个别现象,而是带有某种普遍性。

②平、仄韵与情感表达。韵语除了以韵母中元音的响亮度的大、小为依据分为洪音、细音外,还可根据韵字的平、上、去、入等四声分为平声韵和仄声韵。古典汉语诗歌,尤其是词的创作,除了选择词调外,还要选韵,即选平声韵还是仄声韵。有的词调,用平声韵和仄声韵,声情就大不相同。

事实上,认识到韵语同情感表达的联系,并不意味着创作者就能处理好二者的关系。我们既反对因韵害意、迁情就韵,也反对因意废韵,尚质乏文。正确的做法应该是作诗必先命意,意正则思生,然后择韵而用。诗歌创作,既要以情、意为主,又要束之以韵,二者相辅相成、相得益彰。

(3)小说中的用韵

古诗文尤其是古代汉语诗歌之音韵类型与情感表达的关系,已如上述。即使在现代汉语小说的创作中,亦有创作者追求语言的音韵美,或为了加强思想感情的表达力量,或为了适应感情的起伏变化。

换韵可以使小说语言更好地适应叙写中心的转换和思想感情的起伏变化,也可以增强语音的错综美。现代小说中的用韵,除了适应情感的表达外,还对语言内在节奏和作品风格的形成产生了积极的影响。

3. 汉语韵母与作家作品风格

诗语是韵语,押韵是其基本特性之一,"诗中韵脚,如大厦之有柱石",故"工诗者未有不留意于韵",不同诗人在用韵上的不同追求,往往直接影响了其作品风格的形成。一般而言,用韵与诗文风格的关系主要表现在以下两个方面。

(1)韵式的确定与文学风格

所谓"韵式"即指安排韵字的方式,诗、词、散文,各有不同的韵式;同为诗、词,不同风格的作品也以确定不同的韵式为宜。

一般而言,诗的韵式有三种:隔句押韵、句句押韵和不断转韵。

①隔句押韵。隔句押韵,韵位均匀,所表现的情感比较舒缓从容。

②句句押韵。句句押韵,韵密情浓似火热烈激昂。

③不断转韵。韵部转换的格式,匹配曲折委婉的格调。

(2)韵部的选用与文学风格

韵部,一般即指韵,如东韵,也可称东部,《广韵》中的206韵亦称206部;有时又指某韵按平上去(不包括入声)排列在一起的韵类,所谓"举平上以赅上去",如东部,包括东、董、送三个韵。这里,我们主要指前者。按说,韵部本身只有音质的区别,并不与文学风格相关;但人们利用韵的一些发音特征,使某类韵部与人们的特定情感发生了联系(已如前述),因而韵部的选用也就与作家诗文风格有了关联。拿诗歌的用韵来说,在诗歌中选用不同的韵就可以表现出不同的思想感情,而使作品具有不同的气氛和格调。诗的风貌、格调与其所用韵脚的韵母中元音的开口度大小很有关系,开口度大的元音响度大,诸如"a、ao、an、ang"等韵宜于表达雄壮激昂的情感;开口度小的元音响度小,像"ei、i、ü"等韵宜于表达低沉悲凄的情感。例如贺敬之、阮章竞等诗人是以风格豪放见长的,他们的诗就比较少用"ei、i、ü"等韵。又如郭沫若的历史剧《屈原》,具有明朗之风、豪放之情。这一风格,与其对韵部的选用密切相关。

总之,韵母对作家作品风格的影响,主要表现如何用韵上。具体而言,就是韵式的确定和韵部的选用两个方面。古代诗文善于用韵是有目共睹的,现代诗文虽有废韵之趋向,但随着人们对母语诗性特质的进一步体认,对文学艺术的审美本质高度自觉,我们有理由相信,汉语韵母的诗性功能必定会发扬光大。

三、汉语声调及其审美功能

语言学家把世界上的语言按声调的有无分类,把有声调的语言称为声调语言;反之,则称为非声调语言。汉语是有声调的语言,汉语声调有自己的性质,且对汉语表达、汉语诗文创作与欣赏具有特殊的意义和重要的功能。

(一)汉语声调的性质

汉语字音的音调分别,古已有之:上古(周秦、两汉时期)声调只有平声和入声两类,中古(包括魏晋、南北朝、隋唐宋)才有了上声(大部由平声变来,小部由入声变来)和去声(大部由入声变来,小部由平声变来),但直到魏晋以前尚无人发现汉语声调。自魏晋以来,我国声韵学由于受印度梵音学的影响,有了新的发展。齐永明年间,沈约、周顺等人发现了汉字有四种声调。古四声又称平仄,平指其中的平声,仄指上、去、入三声。随着汉语语音的演进,到了现代汉语的普通话中,古四声为"新四声"所取代,就有了阴平、阳平、上声、去声四类声调,也称一、二、三、四声,外加一个轻声。对于普通话的四声,汉语拼音在每个音节的韵腹上分别用"一/∨\"四种符号标志;对于轻声,汉语拼音方案中没有专门的符号表示。有人这样描绘普通话的四声:"一声高高一路平,二声由低往上扬,三声先降再升起,四声由高降到低。"

无论古今,汉语声调无非是整个字音的高低升降,而主要是音高的变化。音调的分别,是由于发音时声带的松紧。发音时声带越紧,在一定时间内颤动的次数越多,声音就越高;声带越松,在一定时间内颤动的次数越少,声音就越低。

在发音过程中,声带可以自始至终保持一样的松紧度,也可以先松后紧,或先紧后松,也可以松紧相间,这样造成的种种不同的音高变化,就构成各种不同的声调。音高在汉语中具有重要作用,声调的不同,主要是音高的变化。

汉语的声调同音强、音长也有一定的关系。音强是指声音的强弱。它取决于发音体振动的幅度:我们发音时,用力大,气流就强,振幅就大;用力小,气流弱,声音就小。在普通话中,有些音节相同的词是依靠声音的强弱或轻重来区别词义和词性的。音长是指声音的长短,它取决于发音体振动的时间。汉语声调与音长存在一定的联系。

总之,汉语的声调,主要是音高的变化,也同音强、音长有一些关系。普通话声调的实际读法,即声调的高低升降的变化就是调值。目前,描写和记录汉语声调调值的最好的方法是五度制声调表示法:先画一条竖线作比较线,分成四格五点,确定五个坐标点,分别用1、2、3、4、5自下而上表示低、半低、中、半高、高五度音高;然后在比较线的左边用横线、斜线、曲线等表示声调的音高变化。普通话四种声调的调值分别为:一声是55(高平),二声是35(高升),三声为214(降升),四声为51(全降)。

(二)汉语声调的审美功能

汉语声调的审美功能,主要表现在其对汉语诗文节奏的形成、对创作主体的情感表现具有重要的意义。

1. 汉语声调与汉语诗文节奏的关系

一般而言,诗文主要是靠声调,小说主要是靠情节。过去一般读者大概都会吟诵,他们吟诵诗文,从那吟诵的声调或吟诵的音乐中得到趣味或快感,意义的关系很少;只要懂得字面意思,全篇的意义弄不清楚也不要紧的。一般读者吟诵诗文,在弄不清全篇意义的情况下,之所以会从中"得到趣味或快感",是因为靠了诗文的声调。声调,因直接诉诸听觉,很容易唤起读者的趣味和快感。但不是所有的组合的声调都能唤起读者的快感,只有那些按照一定的规律排列组合起来的声调才具有这样的美感效应。也就是说,只有具有节奏美的声调组合(即平仄律节奏),才会给人以美的感受。

　　汉语是具有声调的语言,其中,各种对立的声调因素在诗文中成周期性组合的结果便形成了平仄律节奏,这正是汉语节奏规律的一大特色。

　　现代汉语有阴、阳、上、去四声,根据部分学者的意见,可以把阴平、阳平归为高调,把上声、去声归为低调。由高调和低调两种对立因素进行有规律的组合,就形成了高低平仄律。声调,必须进行有规律的组合,才有节奏,才有美感。抑扬、高低、长短、轻重若不能交错,就会违反节奏规律。

　　中国古诗,特别是近体诗,已经取得了很高的音韵美成就。其中,汉语的声调,即四声做出了不可小觑的贡献。近体诗声律的总原则是平声和仄声的交替使用。近体诗除每句尾字外,都是两字为一音步,这两字中的后一字为"节奏点",所谓平仄交替就是相邻的节奏点上的字的声调必须平仄相对。读者之所以从那吟诵的声调或吟诵的音乐得到趣味或快感,是因为那平仄相间的声调构成的抑扬顿挫的节奏。

　　古诗的美感得益于此,文学史上的那些音意俱佳的骈体文也不例外。早期的骈体文,对平仄还缺乏严格的规定。齐梁以后,受声律学的影响,骈体文的平仄形成了一套较严格的规则:讲究一句之中,节奏点上的平仄交错;骈句之间,平仄要对立。

　　同近体诗一样,骈体文也充分运用了汉语声调的审美特性,形成了整齐均衡的美感节奏,平仄交错,句式华美。骈体文正是以其优美的音律、华美的藻饰,对我国文学产生了深远的影响,从而确定了其在文学史上不可取代的地位。

　　古代诗文有平仄律节奏,现代散文也有这样的节奏。汉语平仄律节奏不只存在于韵文中。事实上,在现代散文家的作品中,时时处处都有对平仄律节奏的追求,展现着对生命的执着。真正的艺术家就在于能够从一切沉寂的东西里面看出生命,从一切平板的东西里面发现节奏、表现节奏。另外,利用语词声调的飞沉,亦可调节小说语言的节奏。

　　节奏是创造艺术形象的一种重要手段。文学语言中的节奏,正如音乐、舞蹈的节奏一样,可以调节旋律,将读者引入激越、舒展等不同的艺术境界之中。因此,汉语声调在汉语诗文节奏的构建中具有至关重要的作用。

2. 汉语声调与汉语诗词作品中情感表现的关系

(1)汉语声调与创作主体:以声传情

在诗文创作过程中,诗人为了传达诗情,寻找合适的文字,其中汉语声调想必也在寻找、推敲之列。因为,在古典诗文作品中,四声各有其情调,如平声之悠扬、上声之曲折、去声之有力、入声之决绝。诗文作者对文字及其声调的探求,就是对诗情的探求,探求诗情的不可言喻性。

可见,改变一首诗的平仄律节奏,不只是语言形式问题,而且是诗情诗意问题。总而言之,文字传神大半要靠声音节奏,并且音与义不能强分,更改了声音就连带地更改了意义。

声调的分辨以及对其审美特性的开掘、利用,对词家更为重要。诗一般只讲究平仄,词则不然。因为词的作者在创作时,不仅把四声分为平仄,而且平声要论阴阳,仄声要论上、去、入,甚至要辨"清""浊",要辨"开""齐""合""撮"等,关键处绝不随便挪用。一个字的声调考虑未当,词家往往会沉吟终日。词家们懂得:表现柔婉缠绵或悠扬凄清之情可以多用平声字,表现幽咽沉郁之情可以多用入声字;上声字常用来表现矫健峭拔的风格,去声字常用来表现宏阔悲壮的情调。所以,当人们寄托悲壮豪迈的情怀时,常常选用《满江红》这样的词牌。

当我们强调汉语声调的平仄律具有表情功能时,不可人为地夸大声调的作用;分析诗文作品时,亦不可离开作品内容,去孤立地谈平、上、去、入。作家创作时锤炼汉语的声文之美,是为了表达思想感情而进行的语音锤炼,而不是孤立地找平仄来表达情感和思想;是为了达到思想内容与语言形式的高度统一,而不是抽象地安排平、上、去、入。

(2)汉语声调与欣赏主体:以声会情

对于诗文,中国古代有悠久的"诵读"传统。古人如此重视诗文的吟咏朗读,强调诗文作品的声气音节,的确极有见地。因为,对于诗文的"诵读"过程,正是体认与把握诗文作品音乐性的过程。诗之声与乐之声相似,都同人的情感节奏息息相通。汉语诗文创作,作者的吟哦,正是探求、锻造诗情诗意的过程,目的是以声传情;汉语诗文的欣赏,读者的诵读,正是体认、把捉诗情诗意的过程,目的是以声会情。其中,作者对平仄的锤炼,读者对声调的吟咏,莫不关乎情性。

四、语音修辞与汉语节奏

修辞是一种调整语言的活动,是综合运用语言诸要素(语音、词汇、语法、文字等)进行交际的有效表达手段。汉语语音与汉语修辞的关系非常密切。如前所述,汉语是独具声、韵、调的语言,它的音节中,元音占优势,没有复辅音,容易合辙押韵;再加上声调的平仄变化和音节的长短配合,极易形成抑扬顿挫、优美动听的音韵美。正是汉语音节的上述特性,成为汉语语音修辞的客观基础。

老舍先生对汉语的音乐美亦有相当的自觉。他曾多次强调,文学创作者必须全面地运用语言,就是说在用语言表达思想感情的时候,不要忘了语言的简练、明确、生动,也不要忘了语言的节奏、声音等方面。我们要习惯于将文字的意、形、音三者联合运用,一起考虑,使文字有意思、有响声、有光彩。

古往今来,汉语写作者的实践经验和理论自觉,充分说明了汉语语音系统中的声、韵、调与汉语修辞的密切关系。语言学家、修辞学家们从大量的汉语作品中归纳总结了不少语音修辞格,诸如双声叠韵、押韵、叠音、摹声、排比、节缩、对偶、平仄搭配、顶真、回环、语音飞白、谐音双关等。然而,学术界在讲到语音修辞时,只是从其表达效果上谈论,只讲其音韵美的感染力,却少有深入其内层说明其所以美、何以具有强烈感染力的原因。有学者对汉语节律理论进行研究,揭示了汉语的节奏规律,从而揭示出了汉语语音修辞之所以具有音乐美的内在规律:语音修辞顺应了汉语节奏的规律,汉语节奏规律是汉语语音修辞必须遵循的规律。

语音由音高、音强、音长、音色四大要素构成,这些要素都可以形成对立因素。比如高音和低音、重音和轻音、长音和短音、音长和音空,以及由音色形成的声母和韵母等,都可以构成汉语节奏的对立因素。对立因素是形成节奏的必不可少的条件。但只有对立因素的语音链不会形成节奏,它只有通过周期性的组合,方可产生节奏。所以,语言节奏是语音的各种对立因素成周期性组合的结果,具体而言,是指语音的高低、轻重、疾徐、长短及音色的异同在一定时间内有规律地相间交替回环往复成周期性组合的结果。汉语节奏的形式是由汉语自身的语音特点决定的。由音高、音强、音长及音色的异同对立统一成周期性结合的结果,就产生了语音链上的音顿律、平仄律、声韵律、长短律、快慢律、重轻律和扬抑律七种节奏形式。由于汉语自身的语音特点,音顿律、平仄律和声韵律就成为汉语节奏的主旋律,它们都可以用文字记载下来,而其他节奏形式如快慢律、重轻律和扬抑律等没有书面符号标记,朗读时会因人而异。另外,汉语节奏周期可分为往复型、对立型和回环型三种模式。

因此,为寻求语音美的汉语语音修辞,必须具备汉语节奏的主旋律,即平仄律、声韵律和音顿律,否则就不会产生音韵美。

(一)语音修辞与平仄律节奏

由汉语声调的异同对立统一组成平仄律节奏。古代汉语有平、上、去、入,现代汉语有阴、阳、上、去,根据调值的特性,可以把古代汉语的平声和现代汉语的阴、阳归为平声,把古代汉语的上、去、入声和现代汉语的上、去声归为仄声。由平声与仄声的对立统一可以出平仄律节奏。所有的声调,都有平仄之别,都用仄声字的文句,声音发出以后就似乎中断了一般;文句若都用平声字,声调就会远扬而去、难以回转。这里其实指出了汉语节奏的一条规律:文句不可全用平声字或仄声字,因为这样的文字缺少变化、没有对立因素。抑扬不能交错就会违反平仄律节奏。

汉语语音修辞必须遵循平仄律节奏。因为平仄律节奏对任何文体的创造都是必需的。此外,"四字格"的构成也是在平仄律节奏的规范下创造的。平仄相配的现象的大量存在,不是人们随意为之,而是汉语平仄律节奏规律使然。

(二)语音修辞与声韵律节奏

一般而言,汉语音节都可以分成声母和韵母两部分,声母由辅音充当,汉语没有辅音连缀现象即复辅音;韵母结构既简单又整齐,而且全由乐音充当,声母与韵母的组合又极具规律性。当声母与韵母的异同对立形成周期性组合时,就产生了声韵律节奏。汉语语音修辞中的双声叠韵、押韵、叠音、摹声、顶真、回环等,都受声韵律节奏的制约。

关于双声叠韵、叠音和押韵等辞格受汉语往复型节奏规律的制约,已如上述。这里主要分析摹声、顶真和回环等辞格与汉语声韵律节奏的关系。

1. 摹声

摹声是用语音来描摹客观世界中人声、物声的语音修辞手段,借此可以达到如闻其声、形象生动的艺术效果。由于绝大多数摹声词都是双声、叠韵、叠音词充当的,故合声韵律节奏。

2. 顶真

顶真是用前一句结尾的词语作后一句开头的词语,使前后两句首尾蝉联、上递下接,也叫蝉联、联珠、顶针。作为词语修辞,顶真具有重要的修辞功能:用它抒情,可以把感情抒发得淋漓尽致;用它叙事,可以把事件的发展变化交代得一清二楚;用它描写,可以把对象的空间序列充分展示出来;用它说理,可以严密而紧凑地揭示出事理的逻辑关系。

顶真格固然是词语修辞,但由于其中出现了词语、词组乃至句子上的重复即语音的重复,所以顶真格亦可看作语音修辞。作为语音修辞,顶真格使文句的语气连贯、音节流畅,产生出往复型或回环型音韵律节奏。

3. 回环

回环是用上句的末尾做下句的开头,又把上句的开头做下句末尾,又叫"回文"。作为词语修辞,回环的修辞功能在于可以巧妙地表现事物或现象之间的相互依存或相互排斥的辩证关系,以加深人们对客观实际的认识和理解。作为语音修辞,回环辞格中利用了语音的去而复返,语序的一往一返,故造成了优美的旋律和回环的节奏。由于相同音节的回环往复,回环辞格合回环型声韵律节奏。

回文只是诗歌创作手段之一,必须与其他艺术手段联合使用;如果完全用回文创作,虽殚精竭虑,终因以文害意、弄巧成拙,而流于文字游戏。由此可知,回环手段虽可产生回环型声韵律节奏,但在诗文创作中不可滥用,亦不可单用,否则会适得其反,使文义大受其害。

(三)语音修辞与音顿律节奏

汉语音节都是由声、韵、调系统构成的,每个汉字的音节时长大致是一样的,一个汉字就是一个音节;汉语音节中既有单音节词,又有双音节、多音节词。这就为形成汉语的音顿律节奏创造了条件。

汉语语音修辞除受平仄律节奏和音韵律节奏制约外,还受音顿律节奏的限制。汉诗中四言诗、五言诗和七言诗的音节组合,就明显地受到音顿律的规范:四言诗每句四个音节,五言诗每句五个音节,七言诗每句七个音节。汉语通常以两个音节组合为一个音步(即一顿),双音节音步是汉语音顿律的主要形式。四言二顿(二二),五言三顿(二二一或二一二),七言四顿(二二二一或一二),一句即一个音顿律周期;由于句句字数相等,四言诗、五言诗和七言诗都合往复型音顿律节奏。四言诗两顿,前后切分均等,无奇偶变化,节奏显得单调呆板;五、七言诗或三顿,或四顿,都是奇偶相间,节奏上流利活泼、富于变化。由此可知,中国古代诗歌不是追求一般的音顿律节奏,而且追求奇偶相间、富于变化的音顿律节奏,四言诗之所以被五、七言诗所取代,应该是汉语节奏规律制约的结果。

除等言诗的音节组合受音顿律节奏制约外,汉语辞格中的排比、对偶、节缩等亦受音顿律节奏的影响。

排比是指用结构相同、意思相关的词或词组、句子,一项接一项地连续排列起来。使用排比的各项,不仅要语义相关、内容相近,而且必须有整齐匀称的音节排列,合往复型音顿律节奏。

对偶是把结构相同、字数相等的两组语句,联成一对使用的辞,俗称对子,诗歌中称"对仗"。对偶充分发挥了汉语语音和文字的审美特征,音节均衡,排列美观,突现了汉语的美质。根据格律要求的不同,对偶可分为宽对和严对。

宽对只求上下两句结构基本相同、字数相等、不避同字、不拘声律,常见于古体诗和散文之中,此类对偶合汉语音顿律节奏。

严对又称工对,它要求实词对实词,虚词对虚词,节奏点上平声字对仄声字,用字不能重复,上下句结构完全相同。此类对偶既合音顿律节奏,又合平仄律节奏,常见于近体诗和骈文之中。

节缩是为了文字简洁或音律和谐而把一些多音节词语加以删节或归并的一种修辞方式。着眼于形式美的追求,而于意义没有什么增减。如"彩色电视机""外交部部长""四个现代化"等多音节词变为双音节"彩电""外长""四化",产生了音顿律音步节奏。

如上所述,汉语音顿律节奏对等言诗、排比、对偶、节缩等语音修辞都有明显的制约作用。由此可知,汉语音顿律节奏是汉语节奏的主旋律之一。受音顿律节奏的制约,上述辞格的一般要求是音节的匀称。要使音节匀称,就要使单音节词和单音节词配合,双音节词和双音节词配。具体而言,音节的匀称须注意两个方面:一是句内的音节连接,不要忽长忽短,站立不稳,以双音节为音步周期较为常见;二是句间的音节要对应,以求结构整齐、形式美观。

音节的匀称、结构的整齐,固然可以造成音顿律节奏,但如果某一种音顿周期往复太多,尤其是短周期往复太多,势必造成单调呆板的节奏。因此,汉语往复型音顿律节奏周期以两个周期为宜,三次往复就到了极限,若有四项,一般就要寻求变化,以免单调呆板。这也是汉语语音修辞所应遵循的规律。

第二节　汉语的口语与审美特征

一、口语的美学表现

书面语言尤其是文学语言,具有独特的美感,这一点在语言学和美学的研究中得到了广泛的共识。与文字表达不同,口头表达能够直接影响听众的感知而拥有美学风格和独特的魅力。汉语口语美学的研究应该从它的本质出发概括其美学特征。

(一)口语的美属于附属美

口语的魅力在于它能够帮助人们更好地进行交流和沟通。人们在使用语言时,既应考虑到实际的功能,也应考虑到审美的需求。口头文学的魅力源于表达者和听众的主观快乐,这种快乐与实际的功能紧密结合,构建出一种双重的交流模式。"人,他本身就具有他的生存目的"的美可以被视为一种附属的美,其中最具代表性的便是口头表达的美。它与艺术品和建筑物一样,都受到特定目标的限制。美可以分为两种:自由美和附属美,这两种美都没有明确的目的。附属之美又称依赖之美,而自由之美又称纯洁之美,指的是一种超越物质和精神层面的完全自我实现的美,它不受任何外界因素影响,不受任何理论限制,因此没有任何意图。无论是纯粹的美还是象征性的美,都不是凭借概念就能普遍带来快乐的,而是要有"合目的性"的内涵,以便与人的生命精神相适应。这种不仅是外表上的美,更是要有内在的意义,才能真正让人感受到快乐。如果一个人缺乏对特定美的敏锐感知和准确判断,即使他拥有了大量关于这种美的知识,也无法真正提升自身的鉴赏力。换言之,知识的有效性取决于欣赏者的心灵能力,大多数人在面对陌生的艺术形式时,可能会感到困惑,这是正常的表现。纯粹的美是一个极其严格且抽象的概念,但事实上仅有极少数的作品才能够达到这一标准。人们对于作品的兴趣是出于对其美的感受。口语中包含了许多附属美的元素。附属美也被称为依赖美,它的品级比自由美要低。它是有条件的美,隶属的美,因为它是基于概念,并且专门用来实现特殊目的的美。

人们的审美关系不仅仅局限于功利,更多的是一种深层次的心理交流,在人类发展过程中,这种交流变得越来越重要,甚至超越了功利。审美关系可以被视作人最根本的特征,它既是人类诞生的标志,又会随着人类的进步而变得更加重要。在对依存美的鉴赏中,不仅要深入理解审美对象的外观特征,更要考虑它们所蕴含的概念,并以批判性思维来处理这些概念,而非单纯地孤立地接受它们。纯粹美只存在于自然界,它不仅是为了满足人的需求,还包括其他各种形式。纯粹美可能被局限在某一特定的领域,而附属美则更加普遍地存在于自然界、人类社会以及艺术之中。由于口语的实际应用性和审美感的融合,以及认知和表情的统一,使它比起审美、表情来说,具有更强的实用性,而这也对其美学特质产生了深远的影响。汉语口语的美可以通过潜移默化的方式传递给个人,这种传递不仅会受到社会环境的限制,也会受到心理愉悦的影响。因此,汉语口语的美感可以作为一种社会功利的体现,应当优先考虑其审美价值的使用性。然而,当某种物品被认可具有审美价值时,原始人便会竭尽全力去获取它们来追求这一价值,而忽视这些事物的本源。

(二)口语的美具有符号直觉性

审美可以划分为两个不同的层次:第一个层次是从客观的角度来看待,它基于个人的视觉和听觉;第二个层次更深入地探索了人的情感和心灵,它提供了一种全新的视角去理解和把握人们的生活。口语的魅力最初来源于它的内在本质。口语的表达通常具有运用广泛和喜闻乐见的特性。形式美无处不在,它能满足人们的心理和生理需求,其独特的审美价值能够让人感到快乐。通过使用符号,人们可以更加直观地感受到形式的美。形式美是一种美的外观,它可以直接影响人们的感官,让人们感受到美的魅力。通过反复训练和体验,人们可以提高审美能力和素养,并进一步强化审美直觉。在日常交流中,人们可以更好地理解和表达形式符号所传达的情感和意义。汉语中的美可以通过其独特的语言表达方式来体现。这其中包含了如下三层含义。

1.口语的美以符号形式向口语表达受体传达其内在意义

符号美学是一门研究语言本质属性的学科,将符号作为一种美学手段。人类使用的语言符号,如声调、节拍等,最初都由社会习惯决定,但当它们被确立之后,便具备了特定的含义和实际的作用。此外,这些符号还能够通过其内涵与外观,传达出美好的情感,从而产生出独特的口头艺术效果。人是一个具有思维能力的生物,在表达时会根据自身的审美观念,选择合适的口语符号,以此来表达自己的情感,并且在特定的语境下,可以将其他口语符号替换成更加恰当的表达形式。

2. 口语表达主体通过口语符号表达人性的美

口语是一种独特而富于魅力的沟通方式,它不仅是一种日常交流工具,也是一种艺术。在使用时,需要考虑许多语言和文化因素。例如,在日常交流中,通过声带振动来实现发音,而那些擅长运用共鸣技巧的人,他们的声音会变得更加优美。"共鸣"是一个物理学概念,它指的是当发声器件的频率与外界声音的频率一致时,它会产生共振效应,从而发出声音。声音的传播需要通过振动物质、传播媒介以及人耳的听觉器官来实现。当一个物体受到外力的冲击,它会发出声响,这种声响就是所谓的音波。声音是通过媒介传播到人耳的一种特殊的声波,当一个物体振动时,它不仅会发出基本的声调,而且会产生一些细微的泛音。通过发声并利用身体内部的许多能够引起共鸣的区域,人们能够通过呼吸来激活声带,并创造出基本的声音。尽管这种基音非常微小,但当它穿过人类的共鸣空间时,会发出各种各样的声波共振,从而创造出令人愉快、动听的声音。使用共鸣技术可以大大提升音响效果,同时还能增强声音的美感。通过掌握发声美学原则,能够更好地运用人类身体结构中的共鸣空间来创造出优秀的口语表现。

3. 口语表达主体通过口语符号构建相互沟通的美的世界

口语是一种通过使用语言符号来表达思想和情感的交流方式,它既能够通过表达深刻的含义、复杂的对话、模糊的表述来增强内容的丰富性,也能够通过调整声音来增强形式的美感。通过共鸣,声带的颤动可以将原本微弱的喉咙音变得更加清晰,并且形成一个复杂的泛音,从而让声音变得更加洪亮、饱满、悦耳、动人。人的声带和气流是先天具有的,因此不可能通过外力来改变其形态。但通过后天的训练,我们可以提高声带的协调性。掌握正确的共鸣技巧,对于提高发声效果和优化声音品质至关重要。通过头腔共鸣,声音变得明亮、丰满,并且富有金属般的色彩,口腔中的气流响亮而有力,声音清脆悦耳、洪亮、富有磁性。改变咽腔的共鸣状态能够影响声带发出的原音的泛音部分,当唱低音时,声道会延伸,而低泛音部分会增强;当唱高音时,声道会收缩,而高泛音部分会增强。

通过对声道的精心调整,人的声音能呈现出多变的风格:既可以高亢激昂,也可以柔和优美。"共鸣"的口语表现符号的直觉性为这种"气"提供了强大的支撑力。

(三)口语语音美的内在性

当学者们探究口头文化的心理驱动因素时,他们的重点通常集中在语言瞬息万变的特点上,例如它与时间的联系。语言的存在只是在它逐渐消逝的时候才会出现。语言的其他方面对人的情绪和行为产生了重要的影响。语音与内在性之间的关系十分独特,它们之间的联系比其他感官更为复杂。由于人类的意识和沟通能力的深层次特征,这种关系变得至关重要。通过听觉来探究客体的本质特征,语言的表达可以提供最直观的反映。汉语的语音表达方式具有广泛的影响力,既能够传递信息,也能够影响人们的思想。这种表达方式涵盖了物质与精神两个不同的领域,并且能够影响到表达者与听众的互动。通过这种方式,汉语能够建立起一种多维度的、相互依存的关系,从而使人与人、人与自然、人与社会等都能够相互协调。

人类的视觉可以感知深度,但是我们所能感知到的物体通常只是表面上的细微差别。味觉和嗅觉只能提供有限的信息,无法捕捉内在和外在的特征。触觉在这个感知过程中发挥了重要作用,但它也可能会破坏内在的平衡。

视觉可以将信息分离,而听觉则可以将它们有机地结合起来。视觉可以超越观察对象,但是声音会迅速地传递到我们的耳朵里。当观赏一处美丽的风景时,必须将注意力集中在一个特定的物体上,这样才能让它真正地吸引我们的目光。声音能从不同的角度传递,让人们沉浸在一片声音的海洋之中，成为感受与体验的主宰。声音具有一种建立中心的能力，这是为了实现高保真度声音的精确传输而采用的一种先进技术。通过聆听，能够感受到周围的声音。反之，将注意力完全集中于视觉上的方式并非可行。视觉可以被看作是有形的，而声音则可以被看作是整合的。人类的思维具有内在的平衡感和协调一致的能力，所有的思想和情绪都被深深地植入大脑，而思想和情绪却不可以被外界的力量所理解和掌握。人类就像一个边界，既包含着本质上的自我，也包含着周围的万物。"内部"和"外部"都是以身体感受为基础，通过对人体经历的深入研究而表达出来。

在原始的口头表达方式中，单词仅仅是一个声音，而没有被视为一个实体，甚至没有被认为是一个有形的、有价值的文字。声音是人类生存感觉的重要组成部分，它通过口语词汇的加工而存在。语言的表达方式对于人们的心理健康来说一直都非常重要，声音的特征会改变人们对宇宙的理解。对于口语来说，宇宙就像一个正在发生的故事，而我们就是这个故事的核心。随着印刷术的普及，古代的口语世界对"探险家"的理解受到了极大的影响，人们开始将宇宙或"世界"想象成一个平面，这不是一个静止不动的实体，而是一个由现代地图、广阔的平面或许多平面组成的视觉展示平面，这样才能将宇宙看作是一个随时可以被"探索"的对象。

大多数口头表达的思想和特征与听众的感知息息相关，因此声音的特性构成了一个完整、统一且深入人心的系统。语言体系与传统的套语式表达以及情景式思维之间有着密切的联系，它们共同构成了一个完整的认知过程，使人们能够更好地理解自身的情境，并将自身的行为与情境相结合。此外，与语言相协调的是以人类行为为基础的、具有人文关怀的知识结构，它们能深入个体的内心。原生口语随着时间的推移而变化，它不像书面语或印刷语那样保持静止。"长翅膀的语词"被荷马称为一种具有强大力量、自由不受约束的话语。因此，可以断言，口语的语音美具有一种深刻的内涵。

(四)口语词汇美的具象性

可视的宇宙代表了一种抽象的概念,人类把它融入语言当中,利用声音来传达这种抽象的概念,使其重新活跃起来,并为世界和我们的内心架起一座沟通的桥梁。语言是一种反映世界的工具,汉族口语作为汉民族生活的一部分,具有独特的民族特色。

一些艺术作品以其独特的情感和视觉效果而闻名,而不同的艺术流派则以其独特的审美风格而著称。通过造型、表演和舞蹈,人们可以通过感性的方式来理解和欣赏艺术。具象是一种可以被观察到的、可以被触及的、有实质意义的形态。具象艺术最显著的特征在于它以一种视觉真实性或客观性的方式呈现出来。在具象艺术作品中,人们通常会发现它们的艺术形象是非常容易辨认的。语言艺术和音乐的艺术形象不是直观的,而是通过声音符号来传递信息。当听众倾听这些声音时,他们可以通过思考、想象来感受、理解这个世界和人类社会。这些声音能够影响人的听觉,引发他们的想象、联想、情绪,最终产生美的效果。人们在描绘人物和事件的同时,会运用生动的形象化语言来表达他们的看法,同时也会将他们的情绪和想法融入其中,以此来展现出他们独特的个人风格。现代汉语口语中,许多词语都有着鲜明的形象,因此可以通过观察和实际使用来更好地理解这些词语。

尽管口头表达的内容可能不是直观的,但是通过声音符号的传递,听众可以更加深刻地感受、领悟和理解客观的现实世界及其相关的文化背景。这种传递的力量可以唤醒人们的想象力、联想力、情绪力,从而产生一种独特的审美享受。汉语的口语语言拥有丰富的形象,这使其更加生动形象。

二、汉语口语的审美特征

(一)汉语口语的音韵美

"音韵美"指的是汉语语音在不同语境中呈现出来的独特声音,这种声音可以带来一种类似于音乐般的审美感受,并且有着重要的文化意义。

汉语音韵美一直是人们探讨的话题,诗词格律和骈文散文的内在声调节奏都源于汉语的音韵特质。长期使用语言已经培养出了审美因素,这种审美因素最初表现在语音上。过去,人们通常将重点放在书面语和文学语言上,认为汉语的音韵美属于口语美。但是,这种做法忽略了语言本身的美,因为语言的美在于它的声音。因此,只有将研究重点放在口语中,才能发现更多本源性的东西。汉语口语具有独特的音韵美感,这与书面语相比显得格外突出,这种美的基本特征包括以下几个方面。

1. 音韵美具有直观感性特征

音韵美可以被视为一种独特的语言声音效果,它可以通过精心构思、精确控制和精心设计,来达到一种类似音乐美学中所蕴含的审美价值和深刻含义。这种听觉形式的美显然不同于书面语言,因为它更多地体现了一种独特的审美感。一些作家从口语美中汲取灵感,将其融入作品中,使文本不仅可以被观赏,也可以被倾听。

汉语的音韵美可以分为原生口语音韵美和次生口语音韵美两种,前者通常出现在没有文字支撑的即兴对话或独白中,表现为原始的音乐美。除了相声、评书、三句半、快板、小品和话剧朗诵等传统文学形式外,书面语言也可以在其他文学形式中得到体现,但要想让它们发挥最大的音韵美,就必须通过言说、默读或诵读来实现。艺术作品中的审美效果往往体现在其独特的口头表达方式上。

汉语口语中的音韵美是一种非常显著的特点,它能让听众通过直觉来理解语言,甚至无须理解其中的细节。了解这一点,我们就能更好地理解为什么外国人在听中文时可能不太熟悉其意思,但仍然能够指出哪个词是最美的,哪个音发出来更加动听。汉语中的一些常见单词,如"跷跷板""毛茸茸",在外国人中广受欢迎,这是由于它们具有叠音美的特点,能够展示音韵美。正如在一些外语中,由于它们遵循了自然的音韵美,即使对一些外语并不熟悉的中国人也能感受到它们的美。

2.音韵美具有音乐性

魏晋尚韵,魏晋时期音乐艺术取得了巨大的进步,这得益于魏晋时期人们对音乐美的深刻理解和热爱。"韵"指的是一种无法用语言表达的、融合了多种声音的完美结合,它既包含了多种声音,又能够超越这些声音,形成一种独特的、完美的音乐氛围。就像人整体生命的美,不离人的具体形象而又超越于形象之上一样。因此,"韵"这个字被用来描述人的美丽是可以理解的。这种变化超越了外在的联系,更多的是一种内在的转变。因此,"韵"不仅是一种音乐性的美,更是一种深刻而无法用语言表达的人类生命中无形却又充满活力的美。韵律与音乐之间有着密不可分的联系。音乐是一种时间的艺术,它可以让人们的听觉得到满足,因此现在人们更多地关注音乐性。人们在说话时,会选择具有节奏感和韵律美的词语,以展示语言的音乐性。这种审美愉悦可以独享,也可以与他人分享,这是人类共同的认知方式。汉语的音节组合具有独特的规则:每个音节的开头和结束都只有一个辅音,而辅音的分布也并非随意。例如,"n"这个辅音只能出现在音节的开头,而不能出现在音节的结尾。汉语的音节构成比英语简单得多,因为汉语的辅音分布更为稀疏,大多数只能出现在节首。汉语的音节数量是一个词的重要因素,因此汉语中出现了大量的双音节词。根据《现代汉语频率词典》的统计,汉语词汇中的双音节词占73.6%。相比之下,英语通常由多个音节构成一个词,音节数量没有规律,因此汉语和英语的音韵节奏都具有独特的特点。然而,汉语的音韵节奏更加灵活,因此在选择词汇时,人们需要先考虑单词的音节数量。当辅音和元音结合在一起时,就会产生不同的音乐效果。首先,它们会交叉分布,形成一个完整的音节。这个音节由噪音和乐音组成,它们共同构成了一个二元一体。辅音(组)由元音和辅音组成。

虽然这种一体性音节的乐音效果不及纯粹的元音音节,但它们仍然存在一定程度的差异。通过对声调群及其组织过程的分析,我们发现有模式具有一定的规律性,并且形成了有效的韵律特征。通过将几十个音位巧妙地结合在一起,形成了许多独特的音节,从而提高了语言的表达能力和复杂度。汉语的音节结束通常是乐音,"辅音+元音+辅音+元音"中的双音节词汇构成了一条乐音的语音链,而声母+韵母的双音节音步词则是最理想的乐音结构。

(二)汉语口语的会意美

汉语口语的独特思维方式导致了我们必须关注它的主题和语境,这与西方语言的形式主义有很大的不同。汉语的语法结构中,单音节和句法的统一性为汉语的表达带来了极大的灵活性和多样性。汉语的语言表达方式具有许多独特的灵活性。汉语的主语形式十分丰富,这是众所周知的。不同的语言都有从修辞中转换到语法的情况,但汉语更为常见。与汉语相比,屈折语和黏着语的语法结构更多地依赖词语的形态。尽管汉语是一种语言,但是它的语法结构十分复杂,其中包含了16种动词的时态。

1. 形散而神不散的语序变化之美

作为认识主体的人其实并不能"直接"与客体世界相遇。客观世界与主观世界之间存在着一个中介层,它由感官、语言和文化三个方面构成。对于拥有丰富语言能力的人类来说,语言是他们从感官世界进入文化领域的桥梁。语言是文化的基石,同时也决定了人类的情感和态度。在汉语口语表达中,"意"通常被视为核心,而词语只是用来传递信息的工具。中国语的语法结构就像一件完美的外套,每一个字都精心拼接,完美地呈现出中国文化的精髓。中国的语言规则重点关注表达思想,汉语的语法结构是由意义和语言本身共同决定的。

通过调整句子结构、洞察上下文并推断出其他事物,人们可以利用语态来表达清晰的思想。有学者把汉语比作"弹性实体",因为它具有多种多样的表达方式,可以根据语境和语义的不同而进行灵活的使用。汉语的句子并非由一个特定的动词构成,而是通过分段的形式呈现,这种方式使得汉语的语言表达更加灵活多变。尽管词序可能不同,但意义始终如一,因为无论哪一句话更符合语法规则,人们都能够清楚地理解其中的道理。语言的语码是相似的,但是"颠倒语序"却有着截然不同的含义。这种独特的语言魅力吸引着许多外国人,他们喜欢研究这种语言。汉语的灵活性使它具有独一无二的魅力。民族文化的核心是思维模式和语言模式,它们在文化精神上具有重要的共性。语言是一种结构,它的核心在于人类的思维方式。语序在很大程度上反映了中国人的思维方式和文化背景。汉语中的语素、词和句子的排列顺序反映了汉民族的思维方式,他们倾向于从已知的信息开始探索未知的事物,并且更倾向于以参照点为先导来思考问题。这也体现了儒家中庸思想的影响。深入探究这种关系可以帮助我们更好地理解汉语口语背后的文化根源。

　　汉语的语言表达具有很大的灵活性,这在很大程度上取决于语法结构的变化。汉族口语交际中,使用词序作为一种手段一直都很受欢迎,在汉语口语中,这种差异往往会导致许多优美意义的产生。"颠倒语序"给人们带来了一种非凡的视觉享受。汉语的语言结构和表达方式使它能够轻松地展现出丰富的美感。汉民族的语言表达方式具有独特的魅力,他们能够根据自身的语境来选择语义,从而形成一个具有弹性的语言结构,让人们能够更好地理解、运用、接纳"含不尽之意见于言外",从而让汉语口语更加丰富多彩。

2.汉语口语流水句的铺陈之美

　　汉语的语法特点是通过逻辑排列和情感交流形成语言的结构。在汉语口语中,关联词语很少被使用,通常只会按照时间顺序或事理的发展来叙述事情,这就是"流水句"中所描述的情节。汉语的语法特点是以流畅的语言表达方式表达思想,这是因为它能够准确地捕捉到人们对于时间的感受,以及对于事件的看法。它的语言结构也与中国人的思维方式相吻合,能够更好地表达人们对于世界的看法。英语的重要特点是形式合一,因此通常以主谓结构为主干,通过层层搭建来形成一种空间图式,语言学家称为"葡萄型"。

汉语的语法特征使其在表达上具有独特的风格,尽管它看起来像一种单一的语言,但实际上它具有极大的灵活性。汉语的特点可以比作"竹竿型",它没有英语那样的主干,而是由一系列短句组成,形成一个完整的"流水句"。在每一种语言的语法结构中,都包含一些被清晰地标识出来的要素,以及一些需要听者在理解的基础上进行补充的要素。汉语中,前者的使用量明显低于后者。洪堡特指出,汉语的独特之处在于,它需要人们投入大量的精力去理解,但同时又阻碍了汉语句子的复杂性。所以,简洁的语言更能体现汉语的精髓。在日常交流中,这个观点显得格外突出,具有很强的代表性。

在汉民族的高语境社会中,口语交流时,双方都可以自由地使用省略的部分。通过遵守语法规则,"意合"成了书面语的表达方式,但在口语中,这种表达方式更为显著。通过这种自由的虚位设定,以及丰富的语义和语法默契,汉语的句子呈现出一种轻盈、灵动的美。汉语的语法规则需要我们仔细思考,并根据语言的特点来决定每个单词的位置。只有通过深入思考,我们才能更好地理解汉语的语言结构。在低语境环境中,人们很难理解并接受这种语言组织,因为大多数语言交流都是在明确的语码中进行的,而汉语的语法规则是"写实"。

(三)汉语口语的科学美

科学美学拥有悠久的传统。从古至今,人类一直在体验着大自然的神奇,深信它拥有一种神秘而又不可思议的规则。古代文明以多元文化为基础,努力寻找统一的审美标准,以及发掘大自然的和谐之道。数字是构成一切的基础,而美则源于和谐与比例的完美结合。康德时代,人类开始意识到,所有的自然规律,无论是外在的还是内在的,都是由大自然演变而产生的。科学之美在于它能够以简洁、协调、统一的方式揭示出客观世界中复杂而又有机的规律。它带来的美感不仅是一种惊叹、欢喜和感动,而且是一种令人难以置信的、令人心潮澎湃的美。若一种语言能够体现出科学之美,那么它必须具备这种特征,以便让人们感受到它的魅力。

汉语的语音一直在不断改进,以适应日益复杂的语言环境。这种改进表明,汉语言正在不断进步。在过去和现在,许多口语中的音都变得简单了,例如古入声[-p-t-k]尾和大多数方言中的闭口的鼻音[-m]都消失了,这样,发音就变得简单了。汉语言的一个显著优点是容易传递。首先,汉语言的音节尾音均为洪亮的,这是因为只有[n][l]这几个音节。

汉语语音的演变历程中,元音的高化已经成为一种普遍现象。显然,元音的高化趋势是为了简化工作、提高音质,使传递更加顺畅和协调。汉语的声母在中古时期和近代都有所简化,其中最常见的简化方式是将浊音清化,并将带有颤动的辅音替换成不带颤动的。汉语语音的演化遵循相似的规则,这些特征表明它们之间存在联系。随着时间的推移,声调的特征从原本的音高和音长的结合转变为以音高为中心,而且短促的入声逐渐消失,这种转变有助于更好地传达信息。汉语语音具有一套精致而统一的音位结构,使其表达出一种和谐的美感。汉语中,不送气和送气的辅音是对称的,例如"b"和"p","d"和"t","g"和"k"。鼻辅音(如"m、n"和"ng")则与前三组音相对应。在发音方面,"z、c、s、zh、ch、sh"以及"j、q、x"都是对应的,但"j、q、x"只能与"i、u"组合,形成一个完整的语序,使学习者更容易理解并传达信息。汉语口语语音具有一套简洁、和谐、对称的音位结构,这使汉语口语表达更加简洁、协调,并且符合科学美学的标准。

三、汉语口语审美活动探析

没有任何实用目的或抽象思维的审美行为,是一种充满自主性的心灵体验。汉语口语活动无法完全忽略实际应用和概念,它的美感源于对实际需求的满足,并且以一种附属的形式出现。口语表达的主体与受体之间的审美关系对于促进口语表达的效果至关重要。情感是一种强大的内在力量,它激发了我们对美的追求,使我们的审美观念变得更加丰富多彩,达到更深层次的审美认知。汉语口语因其独特的美感而受到欢迎,这种美感源于其内在的美学特质。只要一件事物拥有美学特质,那么它就会变得更加迷人;若没有美感,这件物品就无法被人类所理解和利用。口语的美可以被视为一种独特的价值,它体现了一种特定的情感关系,从而使人们能够从中获得审美的满足,从而获得更高的艺术价值。汉语口语作为一种高级语言,拥有独特的美学特质。通过与他人交流,我们可以欣赏到这种语言所带来的美。这种语言不仅能够满足我们的精神需求,还能提升我们的审美能力。

(一)口语审美活动的原美感生物特性

人类的审美不仅具有生物学上的特性,更是一种有意识、有活力、具有创造性和历史意义的能动性,它以美的规律为基础,不断地创造出新的美。美丽源自人类的内在欲望,而动物则更多地依赖自然环境中的特征,从"原美感"中可以看出其特有的特征。"原美感"的研究为汉语口语审美关系的研究提供了重要的生物学依据。将高级动物的实用性与外表美观性划分开来,这种做法只是一种相对的概念,而且它们之间有着密不可分的关联。随着时间的推移,听觉本能的发展主要是基于实用性,而这种感官的实用性是审美本能的基础。

(二)汉语口语的审美感知与审美激发

汉语的原生语言可以通过听来理解语音的含义,但想要真正掌握语言的审美价值,还需要更多的实践经历。只有通过实践才能真正领会语言的魅力。理解口语的基本审美是通过探究语言符号之间的关系来实现的,这些符号可以通过语法规则来表达,这是口语审美理解中最基础的部分。口语审美理解的第二个层面是需要深入理解口语表达的含义。如果一个人无法理解"言外之意"中的含义和意义,那么其在日常口语表达中只能从声音上获得一些美感,而无法从语义层面获得美感。这种表达方式不可能产生精确的审美效果。当人们接收口语信息时,他们的审美理解建立在对口语表达主体的审美感知之上,并且通过对其进行深入的探究,不断地发展出新的思维模式,从而形成独特的审美观念,激发出丰富的审美情感。

1. 汉语口语的审美感知

汉语口语表达需要通过多种方式来展现,包括听力、视觉、触觉等,以便让受众能够更好地理解表达者所要传达的美。汉语口语语音十分特殊,它通过听觉来获取信息。语言符号则作为语言的艺术形态和抽象含义的媒介,通过语音来传达语言信息。语言信息本身并非完全客观地反映出语言本身,而是通过语音来激发人们对语言内涵的理解。汉语口语的使用者可以通过观察语音的外部特征来理解其所描述的信息,并能够从中获得相应的情绪和体会。通过语音和语义的结合,口语表达受体不仅能够感受到声音,还能理解其含义。

汉语口语的审美是一个复杂的过程,需要我们通过观察和思考来理解语言的内涵,并且这种理解必须基于我们的想象力。由于口语是利用空气中的振动来表达声音和含义的交流方式,因此它的魅力主要来源于人类的情感,并且通过感知来传达。当一系列的语音被人类的听觉系统捕捉并过滤后,就会产生"听觉点",这些声音在一定范围内的联系,就会形成一种审美上的共鸣,从而使它们之间的联系更加紧密。通过"听觉值"的思考,可以更好地理解口语语言,并从"听觉想象"中获得启示。"听觉值"提供了一个可以帮助人们理解客观事物的方法,即通过感官和知觉来认识它们。"余音绕梁三日不绝"则提供了一个更深入的方法,即使没有人在场,人们仍然能够通过听觉和视觉来感知客观事物。

汉语口语表达主体对口语的审美感知具有强烈的选择性,人们会特别关注那些与自身意识和观念有直接联系的语言,并以自身需求为出发点,在感知和理解过程中留下深刻的印记。在日常交流中,最容易吸引对方注意的是表达主体的外部表现,例如面部表情、动作、眼神,以及语调、语速和语气。这些要素构成了一个完整的语言表达系统。通过听觉感知,语言中的音调、音速、音量、音重、音质和音色等元素可以帮助我们感受到语言的节奏感和韵律感。将这二者结合起来,口语表达的视觉和听觉形象会呈现出有序的静态和动态节律,给人以美感。因此,这些形式具有独特的审美优势,它们不仅拥有美感所必需的形象、节奏和情感,而且能够通过语言、表情或姿态等表达方式来获得审美感知。此刻,汉语口语的审美体验已经完成了从感知到美的第一步,留下了一个完整的"第一印象",让人们对审美对象有了更深刻的理解。

2. 汉语口语的审美激发

汉语的语境联想能够帮助我们更好地理解和欣赏语言。当我们听到一个语言的具体描述时,我们的听觉器官会根据语言的含义来激活它,并将它们重新排列,以便让我们能够更好地感知语言。通过这种方式,我们能够更好地理解语言,让我们的语言更加生动、丰富。从"可读性"的角度来看,书面语言的审美实现需要将"写"与"读"结合起来,而"可说性"则提供了一种将"说"与"听"结合起来的审美方式。通过这种互动,人们可以体验到一种充满活力的沟通方式,而要实现这种口语表达的审美,需要更多的参与者的参与。通过这种丰富多彩的审美体验,人们可以感受到书面语言无法提供的强大美学张力,从而获得与书面语言不同的审美享受。

情感在汉语口语审美过程中有重要作用。在这个话题上,我们对汉语口语的审美情绪进行了深入探讨。心境是一种深刻的情绪,它拥有一种持久的、不受外界影响的、充满活力的状态。汉语口语的审美情绪与其所面临的审美对象之间存在着密切的联系,这种联系可以显著地改变口语的形式、内容以及最终的结果。汉语口语的审美能够促进人际关系的和谐,特别是当两个人都能从对方的语言中获得审美体验时,会产生一种情感上的吸引力,这也是汉语口语表达过程中审美经验的重要组成部分。"知音"被认为是一种共鸣,它描述了汉语口语中人与人之间的和谐共鸣。在一段美妙的"吆喝"中,当一段动听的乐音响起时,许多人都会被它的美妙所吸引,他们的心中涌动着一股强烈的共鸣,"吆喝"的声音更加深刻地表达了他们对生活的热爱,让他们的心灵得以释放。语言的表达方式通常会受到人们的下意识反应的影响,从而体现出口语的审美。作为一个口语表达者,我们应该注重对口语审美对象的审美,因为强烈的美感有助于塑造我们的人格。声音和语言具有独特的美学效果,能够深刻地影响人们的审美。通过口头表达,我们可以建立一个具有美学特色的语言环境,从而促进与他人之间的良性互动,这种交流不仅局限于实用性,还包含对美的敏锐感知和共鸣。

(三)汉语口语的审美能力

汉语原生口语是一种以日常对话为基础的语言交流方式,它通常在两个或两个以上的人之间进行,并且在同一时空或同一时间范围内进行,旨在传达双向循环的意义。这种语言交流方式在日常生活中普遍存在,具有明显的实用目的性,但并非所有场合的原生口语都具有审美特性。在仅有实用价值的口语过程中,它可能会带来一定的审美价值,但不能完全满足人们的需求。当汉语口语具备美感要素时,它才能成为一种有意义的表达形式,从而使口语表达主体和受体能够建立起审美关系。然而,仅依靠口语表达本身并不能保证双方之间建立起审美关系,因为它还需要其他因素的作用才能实现。审美能力是一种综合性的技能,它可以帮助人们更好地理解和表达自己的情感和想法。汉语口语审美能力的核心表现是对节奏和形式的敏锐感知,这种感知能力是由口语审美活动的节奏感决定的。人的审美能力是由三个不同层面的元素构成的,它们分别是生理、心理和意识。这三个方面都与人的生活节律密切相关。根据现代心理学研究,虽然人体内部各个器官都发挥着重要作用,但并未发现任何一个特定的器官负责审美。审美能力不是某个器官的专属特性,而是人类身体内部的生理、心理和意识等多种因素共同作用的结果,以便更好地适应环境变化。因此,我们应该将审美能力与审美活动的本质特征、和谐共存的感知联系起来。

人类在生活中发展出了各种各样的技能和能力。人类拥有独特的审美能力,能够根据自身的审美需求以及审美对象,进行审美活动,从而获得审美上的满足感。汉语的审美能力是指一个人在表达自己的想法时,能够通过各种方法来表现出自己的情绪和思维。汉语口语表达的审美体验与感受是由表达主体与接收者之间的个体差异所决定的。当表达相似的内容时,人们可能会产生不同的审美体验。这种差异可能会直接影响汉语口语的表达效果。人类和许多其他生物都拥有独特的审美感,当受到某种外部因素的影响时,都能够体会到一种独特的审美快乐。人类的审美能力是一个复杂的系统,它不仅涉及人的生命活动,而且与表现生命活动的质量和水平息息相关。它不仅是一种高级的能力,而且是一种节奏感,可以帮助我们更好地理解世界。汉语的语境对于口语的审美有着至关重要的影响,它的结构会直接决定口语的审美形成和理解。

(四)原生口语审美体验的构成

原生口语是一种独特的语言,它的审美体验源于语言集团的共识,例如"蛤蟆",所有说汉语的人都知道它代表的是一种小型的两栖动物,这就是一种普遍的语言规则。它要求所有的汉语使用者都必须遵守这些规则,以确保语言符号的约定俗成性得以实现。然而,"蛤蟆"的内涵和意义可能会因为语境而有所差异。一个年幼的孩子可能会被一首古老的童谣所吸引,那就是"一只蛤蟆一张嘴,两只眼睛四条腿",汉语口语的审美更多地反映了审美者的个人情感和认知。

1.原生口语审美体验的个体差异性

汉语口语表达主体与世界的关系非常复杂,他们的内在生命也非常丰富。这决定了汉语口语审美体验的丰富性和复杂性。每一位成员的内心世界都有其独一无二的经历,因此他们的口头表达也具有自身的特色,而且永远无法被模仿。将"个人含义"和"客观意义"作为两个独立的概念,"个人含义"指的是个体对于某个特定概念的认知,"客观意义"指的是个体对于某个特定概念的认知,它们构成了一个完整的、统一的、准确的概念。当语言被赋予了情感的"个人含义",而不仅仅是"概念"的功能时,它就会变得充满活力,成为人类个体生活的一个重要组成部分。生活是一个不断变化的过程,需要不断地进行。在日常交流中,我们都遵循着社会规范。在同一语言文化背景下,我们的口头表达方式也有所相似。这些相似之处可以通过我们的口头审美体验来展现。口头审美体验,既包含个人特质也包含社会因素,既有情感又有理性。口语表达的意义可以通过不同的表达者和接受者来理解,这些表达者和接受者在语言共同体中都有相似之处。通过对话,他们可以感受到对方的情感和体验。然而,由于每个人的居住地、工作环境、学习背景和成长过程都存在差异,这就导致了他们对话语的理解和体验带有独特的特色。"最美是乡音""少小离家老大回,乡音无改鬓毛衰"中的"音"代表着家乡的语言,而"乡音"则描述了一个贫穷的少年与一个经历过艰辛的老年人,他们在"乡音"中所体会到的感情不同。每个人的口语表达都会反映出他们的个人特征,这些特征会在日常审美体验中体现出来。通过对日常口语的观察和思考,我们可以发现,人们的生活经历和文化背景都会影响他们的价值观,进而影响他们的审美感受。汉语的口语审美体验因人而异,因此日常生活中的口语审美也可能存在不确定性。

2.原生口语审美体验的语境认知性

语境认知是一个复杂的过程,它涉及日常交流中的各种因素。这些因素可能会影响人们对周围环境的感知和理解,从而影响他们对原生语言的审美体验。因此,在进行口语交流时,需要注意这些因素的平衡。在宏观层面,我们可以考虑到社会和文化的影响;在微观层面,我们可以探究口头交流中的各种因素,例如参与者的身份、目的、感情,以及参与者与其他人的互相作用。汉语的原生语言环境主要涉及表达者和听众的日常生活,这些日常生活对汉语的表达至关重要,它们直接影响着人们对汉语的使用习惯。

口语表达的主体思想和情感会对汉语口语产生重大影响。当人们说话时,他们的注意力往往集中在语言的某些特定部分,而非整个语言的表达。这表明他们具有很高的主观能动性和选择权。当人们理解并掌握一种口头表达方式时,往往会更加敏锐地感知到与其个人认知、思维模式息息相关的内容。在感知和理解口语时,人们总是会根据自己的感官来理解所接受的对象,并且会根据自己的需求和倾向来改造它们,使之成为我们思想和情感在某个对象上的反映。因此,人类的口头表达具有明显的选择性。

3.原生口语审美体验的互动选择性

交流性是口语审美的一个重要特征。将"独白"与"对话"相比较,"对话"更加宽泛,它既包含了一种封闭的语言结构,也包含了一种更加开放的思维模式。汉语口语表达是一种交流方式,它通过使用语言符号来传达信息,并且在表达者与接收者之间产生影响。口语表达受体的变化并非仅仅是被动的,而是通过积极的态度来响应表达者的审美意图,从而体现出一种独特的表达方式。与书面语言不同,口语表达需要在同一时间内完成,因此受体需要更加积极主动。此外,审美的交流也会影响二者之间的心理交流。当两个人都是审美的参与者,他们之间的审美互动就成了语言交流的和谐之道。汉语口语的审美体验源于对语言的敏锐观察、深刻理解、丰富的想象力和强烈的情感,通过将这几种元素有机地结合在一起,使它们能够形成独特的、完整的语言表现。汉语的使用者可以通过语言来表达他们的审美观,这种观点具有活力且相互影响。

第三节 汉语文学创作与节律美

一、汉语文学创作的审美特征

汉语文学创作的审美特征,集中表现在对物、心、辞三者的独特美学要求上。状物则"以形写神";写心则"以物显心";用词则"以文饰言"。

(一)汉语文学创作的审美特征之一:以形写神

"以形写神"意思是说通过形似的描写来达到传神的目的。"以形写神"的观念形成与玄学思想影响下的人物品鉴有直接关系。"神"是抽象的,所以要借形显神,由此与人物"神鉴"相关的概念也应时而生:神气、神明、神色、神姿、神俊、神情、神怀、神意等。这种人物"神鉴"体现在人物画上,就产生了"以形写神""传神写照"的观念,进而延伸到文学创作领域。

"以形写神"能成为汉语文学创作的一个显著特征,与汉民族的思维方式有关。汉民族讲究"中庸之道",不偏不倚。因此,尽管历史上出现过主"形似"和贵"神似"两种偏向,可主流始终是形神并重、以神为主的"以形写神"论。中国传统美学的核心概念、准则往往具有实用价值。它被视为一种矛盾的结构,强调的是相互渗透和协调,而非相互排斥和冲突。而"以形写神"正是反映了两个对立面的"渗透与协调",体现了"圆照"思维的精髓——恰如其分地把握了形与神之间的"度"。

"以形写神",就大的方面说,要把握以下两点。

1. 生动描写被表现对象的外形特征

"神"是寄寓在"形"之中并借"形"显现出来的。只有写出"形"的特征,才能传达被表现对象的独特之"神",即"得其意思所在"。写人主要是抓住能反映其个性、精神状态的容貌、服饰特征。

许多作家、学者十分推崇"画眼睛",甚至把它视为"以形写神"的首选方法。其实不然。眼睛固然是心灵的窗户,"画眼睛"如果画得好,确实能收到"传神"的效果。但传神的关键不在于是否写了眼睛,而在于是否写出特点。

写物,也要抓住能反映事物本质的特征。丘迟的劝降信《与陈伯之书》巧妙地捕捉了江南春色的特征:"暮春三月,江南草长,杂花生树,群莺乱飞。"从而勾起了陈伯之对故国的思念,使之率兵归降。朱自清的《绿》则是现代汉语文学中状物传神的佳作。作者"惊诧于梅雨潭的绿",以生花之笔描写了"醉人"的绿:"仿佛一张极大极大的荷叶铺着,满是奇异的绿呀。……她又不杂些尘滓,宛然一块温润的碧玉,只清清一色但你却看不透她!……仿佛蔚蓝的天融了一块在里面似的,这才这般鲜润呀!"作者以荷叶喻其形,以碧玉喻其色,以蓝天喻其鲜,多角度地展现了绿的"奇异",收到了"传神写照"的审美效果。

2. 形象刻画被表现对象的动态特征

春秋代序,物有其容。事物总是不断地变化,并呈现出不同的状貌。作品如果能描摹被表现者的动态特征,则使它们栩栩如生,更具神韵。

动态特征不仅体现在人物神态的变化上,也反映在人物的行为举止上,"以形写神"旨在探索汉语文学中最高境界的审美价值。作者应该在"穷形尽神"中避免"遗形取神"和"以形写形"的偏见,以达到"令读者目骇神夺,魂醉神迷"和"接受"的完美结合。

(二)汉语文学创作的审美特征之二:以物显心

以物显心是指作者选择物象来表现其心灵。汉语文学家选择"以物显心",客观上有其合理性。如果直接抒写心灵(以心写心),不赋予心灵以读者普遍接受的有效审美形式,那只是纯粹个人意义的"主观宣泄",缺乏打动他人的审美感染性。要求作者必须寻找能表现主观心灵的客观物象——把自己的主观情感予以客观化、对象化,以获得感染别人的客观有效性。只有这样,作者生活中的"个人情感"才转换为文学上"能使人感受到、体会到"的"审美意象"。从写作实践看,"以物显心"主要有三种形式。

①心灵外射,即作者把自己或作品中人物的主观情感"投射"在客观物象上,使后者"人格化",以此显露作者或人物的心灵。正如前人讲的"情变所孕""因情染景""以我观物,物皆着我之色彩"。其特点在于通过对客观物象的"主观改造",使之成为作者"心灵载体",心物交融,构成具体、生动的审美意象,达到"以物显心"的目的。杜甫的"感时花溅泪,恨别鸟惊心"就是典型的心灵外射。花本不会流泪,鸟也不会伤心。诗人把强烈的"国破"之感"外射"到花、鸟上,使它们染上了人的"情感色彩",故而"花溅泪""鸟惊心"——折射了杜甫的内心世界。王实甫《西厢记》第四本第三折也有"因情染景"的"绝妙好词":"晓来谁染霜林醉,总是离人泪。"多情自古伤离别。作者为了渲染崔莺莺送张珙的离情别绪,而以"霜林"写之;一个"醉"字,把"霜林"之红"人格化",委婉、曲折地刻画了莺莺"长亭送别"时的心态——"最苦离别,最难离别,最重离别,最恨离别"。

②物象暗示,即作者用某种或某几种物象来暗示自己或人物的心灵。前人讲的"神用象通""景中情""以物观物,故不知何者为我,何者为物"是也。它不像"心灵外射"那样将客观物象"主观化",而是借助物象与心灵的相似点,以物象来象征特定时空下作者或人物的心态。

③乐哀互衬,即以欢乐、喜悦的物象表现悲哀、忧愁和以悲哀、忧愁的物象抒写欢乐、喜悦。也就是王夫之说的"以乐景写哀"和"以哀景写乐"。它强调的是相反相成——通过乐与哀的互相反衬,给读者留下较之相辅相成的正衬更为深刻的印象——"一倍增其哀乐"。

以乐景写哀。《诗经·小雅·采薇》说到战士出征之苦,则以"乐景"衬之:"昔我往矣,杨柳依依。"战士被迫离家,已黯然神伤;而"杨柳依依"的芳春美景则把战士的悲伤反衬得更加突出。李煜的《望江南》也是以乐写愁:"多少恨,昨夜梦魂中,还似旧时游上苑,车如流水马如龙,花月正春风。"词人昔日"游上苑"的欢乐梦境,与他今天的困境形成强烈的反差。而这种繁华"乐景"的描述,正表露了他失落、无奈、旧梦难圆的凄楚心态。"以乐景写哀"不仅用在诗词等抒情性作品,也见于叙事性作品中。

以哀景写乐。《诗经·小雅·采薇》写到战士返乡,则以"哀景"衬之:"今我来思,雨雪霏霏。"战士回来,满心欢喜;而"雨雪霏霏"的恶劣天气则把战士回家的喜悦反衬得更鲜明。

以乐景写哀和以哀景写乐是有一定生活依据的。"当吾之悲,有未尝不可愉者焉;当吾之愉,有未尝不可悲者焉。"乐哀互衬正是生活复杂性、多样性的反映。

(三)汉语文学创作的审美特征之三:以文饰言

以文饰言,即用文采来修饰语言。语言指任何口述或书面的言辞话语。形式主义者强调文学语言与普通语言的对立性,视文学语言自身为重点,研究它的语音、节奏、韵律、诗节形式等,注重"语言本体";汉语文学家也讲究语言,但其出发点是"语言功能",更多地关注语言对文本内容、读者的作用。

在汉语文学家看来,语言有两种形式:一种是"发口为言"的口头表达,即"说的语言";另一种是"属翰曰笔"的"书面表达",即"写的语言"。后者源于前者,但与前者不同:说话时信口开河,思想和语言都比较粗疏;写作时有斟酌的时间,思想和语言都比较缜密。而文学主要是用"写的语言",其目的在于宣事明理,状物陈情,为了使表达更充分、生动,对读者更具吸引力,因而讲究语言的文采。不但如此,有文采的语言具有更长久的生命力,所谓"言以文远";反之,"言之无文",则"行而不远"。这是"文采所以饰言"的缘由。汉语文学家自觉追求"以文饰言",使之成为汉语文学创作的重要审美特征。

以形文饰言,即用色彩构成的形文来修饰语言。以声文饰言,即用声律构成的声文来修饰语言。以情文饰言,即以性情构成的情文来修饰语言。

"以文饰言"的终极目标是"文质彬彬"。无论是"质胜文"的重质观点,还是"文胜质"的尚文主张,都是片面的。尽管它们都曾在某个时期盛极一时,可从历史发展的大趋势看,它们从来不代表主流思潮。

二、汉语节律美

(一)节律的艺术发生

"节律"原本是音乐界的一个专有名词。而音乐不仅是一种艺术语言,也是一种多元文化的综合体,通过节奏的快慢、节拍的强弱和长短音的交替,将不同的文化元素融合到一起,呈现出独特的听觉效果。一些学者将文学划分为诗歌和散文两类。韵文具有节奏感,而散文则没有这种特点;韵文是一种有形式限制的文学形式,它可以被称为诗歌或歌曲。事实上,可以将此种理解视为一种以修辞为基础的审美体验,旨在探索和发现多种文化艺术形式的本质特征,从而获得一种独特的审美享受。虽然形式的界限仍然存在,但当谈及韵律时,散文也具备,只是它们的韵律更加紧凑、鲜明,而非像韵文那样放松、隐晦。

通过观察人类美学史我们可以发现,所有艺术形式都是由一系列抽象概念组合而成的。

"等时性"中的节律是自然界和生物界的基本特征。在这里,"等时性"提出了一种新的观点,即自然界和人类社会之间存在着一种有规律的时间序列。所有的生命,包括人类,都需要遵循一定的规律才能相互依存。地球环绕着太阳,每年都在变化,每天都在重复,潮汐涨落,季节更迭,昼夜循环,这就是大自然的规律。人类和其他动物的呼吸、心率都构成了一个完整的生命循环,这也是它们存活的基础。

节律的功能是一种辅助手段,是一种现实和劳动过程中的"副产品",而不是真正的目的。因此,节律只能在生产活动中自然流露出来。只有当美学考察中的节律超越实用性和功利性,被普遍应用于各种艺术形式时,它们才能具备审美的特质。

工欲善其事,必先利其器。总而言之,人类最初以实用主义的视角来解读客观世界,但后来他们开始转向以审美为基础来理解这些客观存在。

"接触律"指出,当物体之间发生接触时,即使中断了实体之间的接触,它们仍然会继续进行远距离的相互作用。通过反复模仿,我们可以不断体验各种情绪,并且随着时间的推移,我们会发现自己所体验到的痛苦和欢乐,与我们直接接触现实世界所体验到的几乎一样。这样,我们便成为美丽的创造者。因此,我们可以从音乐、舞蹈、戏剧等多种人类艺术形式中发现,它们之间存在着密不可分的联系,这正是模仿性表演的根源。戏剧则是一种更加古老的艺术形式,它们拥有悠久的历史,深受各民族的喜爱。

(二)汉语节律学的界定

语言的节奏可以通过改变声音的强弱、重量、长度、速度、持续时间和音色来创造出独特的音乐氛围。节律学是一门研究语言中节奏的特征和组合规律的科学,也称为节律语音学或语音修辞学。汉语的语调可以用来传达语义、情感和态度。当语音链中的矛盾和相似之处增加时,语言的音乐特质也会更加突出。

汉语的语法结构具有明显的层次感。这种节奏的结构包括:音节、音步、句子、语段和整个文本。不同的节律特征都可以归类为不同的层次。汉语的声调可以帮助我们区分词义,也被称为调位,它是音节层的节律。当词语进入语言层时,为了满足交际目的和语境需求,相同音节的句子需要用不同的音高、音长和音强来表示,从而形成特定的语调。"重音"就是这样一种情况,它是在语词或句子中使某个音节显得突出的发音方式。

"停延"是指在说话或朗读时声音的连续性,这种连续性取决于音强、音高、音长和音色。"节奏"则是指语音的节奏,如快慢、高低、长短、轻重和音色的变化,在一段时间内呈现出规律的交替和循环,它能够帮助我们更好地理解语言。音乐与时间密不可分,节奏是它的独特表现方式。停顿和节奏在音节和音步之间的各个方面都有所体现。基调是一种重要的语言表达方式,它反映了文章的结构和韵律。

节奏不仅是节律的外在体现,而且是其精髓所在,具有极其重要的意义。汉语的语音特征决定了它的节奏风格。汉语的节奏是由音调、音长、音强和音色的差异和相互作用所构成的周期性结构。七种不同的节奏可以在语音链中表达出来:音调、平衡、韵律、时间、速度、强弱和抑制。

音顿律指的是一种特殊的语言结构,它通过不断重复同一个音节或音步来构建一个完整的、具有规律性的语音链。在诗歌中,音顿律的表达方式具有鲜明的特征,尤其是在七言体诗歌中更为突出。

汉语音节是由音节组成的,其中双音节音步是汉语音节律节奏的主要特征。这种音节结构使得汉语语音更加流畅和丰富。在语言流动中,音节可能由单个或整个单元构成。"平仄律"是一种以音高作为基础,通过平声和仄声的有规律的交替或上下句的平仄变化来构建语音链的节奏。从"四声"开始,齐梁沈约等人将其应用于文学创作,创造出一种以声调的异同对立统一为节律特征的"永明体"诗,从而形成了一种独特的诗文平仄格律。随着时间的推移,四声二元对立被提出,将平声、上声、去声、入声划分为平仄两类,形成了一种平声字与非平声字的明显差异。自唐代以来,这种双重对比的平仄律一直流传至今,已有一千多年的历史。"长短律"是一种由对立的长音和短音组成的有规律的节奏,它们交替出现,形成了一种周期性的音乐。汉语语音链由于其中的停顿和时值的差异而呈现出多样性,例如,语言的语句和语段的长度可能会因为语言的语速而有所差异。例如,语言的语速可能会因为语言的语调而有所变化。"声韵律"是一种由音素的音色相互对立组成的周期性组合,它通过音节、声母和韵母的交替出现,形成了一种有规律的声韵律节奏。汉语中的多种语言技巧,例如双声、叠韵、叠音和押韵,通过使用反复、回文和顶针等词语,能够创造出丰富多彩的语音链,表现出不同的语言特点。"重轻律"是一种由重音和非重音音节交替出现的节奏形式。"快慢律"以其快慢不一的节拍和交错的旋律,构建出一种独特的音乐风格。"扬抑律"是一种语段层的节奏,它由句子的高低音、强弱音、平衡音和曲调音组成,形成了语音链上的节奏。

(三)汉语节律美学表现

1. 节律美与炼词

词汇是语言的基本组成部分,并可以独立使用。在古代汉语中,单音词占主导地位,语法上缺乏严格的形态变化。语言的魅力与音乐的协调是密不可分的。文字的魅力在于它所蕴含的无法用语言表达的神秘信息,这些信息通过音节流露无遗。

汉语的音节数量基本保持一致,并且各自独立存在。汉语的音乐特征之一便是其中的音节组合,这种组合通常以单词和词组的形式呈现。汉语的音乐特征源于其独特的音节结构。汉语非常强调音节的重要性。四音节和双音节拥有平衡且稳定的特性,而单音节和三音节则更加不稳定,更容易产生运动变化的效果。通常来说,两个音节的词语需要结合在一起,才能形成完整的双音节节奏。四音节的结构由两个音节的音高和音调的协调共同构成。为了实现这一目标,语言使用者必须将多个字母缩短,或将单个字母延长,尤其是在并列句子中。交流时,人们通常希望语言的音节能够对称且平衡。三个三角形的文本可以被视为一种平衡的艺术,因此人们经常使用两个三角形的结合,以实现"3+3"的美感。如"秋已尽,日犹长,仲宣怀远更凄凉"。保持三字格的活力和动态,同时又具备双数的稳定性和持久性。汉语音乐中,通过合理地使用单音节、双音节、三音节和四音节来展现其美感。中国文化中,对偶法和平行句法是非常流行的语法结构。汉语诗歌一般由四句组成一首或一节,但由于每句都具有丰富的变化,因此三句组成一首诗的情况并不多见。汉语诗歌和散文在单双音节的使用上有很大的不同。诗歌通常把单音节放在句末,而散文则把它们放在句子的中间。

(1)衬字

在写作过程中,有许多不同的协调方法。有时,在话语中插入一些看似毫无意义的音节,甚至可能会使其意义变得模糊和虚化,但它们仍然是不可或缺的。它们传达出一种难以用言语表达的神秘气息,并起到补充气氛、描绘情绪的作用。衬字是一种常见的拼写技巧,是一种普遍存在的文学现象,它贯穿了我国诗歌的整个历史。衬词与歌曲密不可分。这种语言元素被用来增强诗歌的氛围、展示情感,并使其具有音乐般的节奏和旋律。许多前辈学者认为,衬字是元曲中一种独特的表达方式。周德清在探讨"衬字"的概念时,提到了元曲中的衬字,但他并未明确指出"衬字"是否只存在于元曲之中。然而,在一些学者看来,衬字的运用已经超越了对元曲的研究范畴。由于汉字中有许多没有独立的母音,因此在拼写单词时,需要添加一些与之相近的词语,例如"呀""咦""啊""唔"来填补空缺。"衬字"格式是中国诗歌中独一无二的。一些学者在探究"衬字""衬句"等《唐宋词》和《敦煌曲子词》时,也采用了"衬"的概念来加以研究。事实上,早在《诗经》时期,人类尚未完全掌握节奏的概念,但他们却无意中使用了多种协调的技巧。

(2)虚词

古人对"言不尽意"的理解十分深刻:能够表达的是物质的表象,而无法表达的则是物质的本质。无论是实词的意思还是它们的用法,古代人都非常注重使用虚词。虚词可以间接传达出那些难以用言语表达的深奥含义,它们还能够调节语言的节奏,增强语气的连贯性。

2.节律美与炼句

韵文是文学语言中的一种重要组成部分,特别是诗词。它既是一种规范性的语言,也是一种变异性的语言。这种变异性不能超越人们对它的认知和想象的限制,而是在规范和变异之间进行统一,从而创造出独特的文学语言。诗歌语言不仅要追求诗意和美感,还应该遵循韵律美学原则来塑造它的声音形态。因此,诗歌的精髓并非来自其文字,而是来自其难以捉摸的韵律。

诗歌创作中,强烈的诗意追求和精确的节奏特征是不可或缺的,这些特征在作品中表现为句法与节奏的对立统一。随着齐梁时期的到来,近体诗的格律逐渐趋向程式化,句法上的意群和韵步也不再完全一致。古代汉语的韵律规则是外在的、强制性的,因此单音节词占据了主导地位,即使是双音节词,每个音节也具有较高的独立性,这给汉语的句法带来了极大的灵活性,可以说是一种意义上的融合。因此,为了符合严格的格律规范,作者必须不断调整句子结构,以达到最佳效果。

炼句技巧取决于两个方面:一方面,它受到韵律限制,导致诗歌中词汇组合发生变化;另一方面,它是作者为了符合主题和情景,尽量使用语言组合,以展现出诗歌的美。

第五章 人文素质教育的原则和方法

人文素质教育的重要作用,源自对其教育对象担负未来角色作用的预知把握,受制于社会经济、文化发展对人才的需求期待。人文素质的社会期望值通常与其所受的教育程度成正比;而作为高等教育的着力点之一,好的人文素质培养在社会模型塑造中有着深层的建构意义。对个体,它是长大成人、明辨是非和有所作为的前提;对社会,它具有联接个体与社会,在思想和知识之间逐渐培养文化自觉的作用。高度重视人文素质的教育、发现人文素质教育的价值、明确人文素质教育的深远意义,是在进行人文素质教育之前必须清楚明了的理论前提。

第一节 人文素质的基础知识

人文素质指人们在人文方面所具有的综合品质或达到的发展程度,其主要包括四个方面的内容。

一、人文素质的内涵

一是人文知识。人文知识是人类关于人文领域的基本知识,如历史知识、文学知识、法律知识、艺术知识、哲学知识、道德知识、语言知识等。二是人文思想。人文思想是支撑人文知识的基本理论及其内在逻辑。同科学思想相比,人文思想是有很强的民族色彩、个性色彩和鲜明的意识形态特征。人文思想的核心是基本的文化理念。三是人文方法。人文方法是人文思想中所蕴含的认识方法和实践方法。人文方法表明人文思想是如何产生和形成的。学会用人文方法思考和解决问题,是人文素质的一个重要方面。与科学方法强调精确性和普遍适用性不同,人文方法重在定性,强调体验,且与特定的文化相联系。四是人文精神。人文精神是人文思想、人文方法产生的世界观、价值观基础,是最基本、最重要的人文思想、人文方法。人文精神是人类文化或文明的真谛所在,民族精神、时代精神从根本上说都是人文精神的具体表现。

在人文素质四个方面中,人文精神是核心。人文精神主要表现在在处理人与自然、人与社会、人与文化的关系时,突出人是主体的原则;在认识和实践活动中,以人各种需要的满足为最终诉求,强调人是目的的原则;在人与物的比较中,突出人高于物、贵于物的特殊地位,强调精神重于物质,人的价值重于物的价值,生命价值优先的人道主义原则和人本主义原则;在人与人的关系中,强调相互尊重对方的人格尊严,突出人人平等的原则。

二、人文素质教育的价值

(一)人文素质教育的个体价值

从根本上来说,人文素质教育和人的尊严确立有关,它是人类在安身立命过程中对自身价值的发现和肯定,在以艺术修养、人格气质和文化行为形态表现的面貌中呈现出来。因此,从教育的角度来说,人文素质教育区别于单纯知识性和技能性教育,在完成塑造人格方面,具有直接为教育目的服务的性质。在人文素质教育的推广中,目前更多的是以通识教育的方式进行,使得人文素质和通识教育之间具有一定的共通性。

其实,人文素质教育在传统社会中的作用是不明显的,传统经济范式中更多的是对廉价劳动力的需要和对资本的把控,对人文素质的要求较低,社会构成物质条件和精神文明建设与经济基础是配套的。人文素质是精神文明的反映,这种价值通过人的经济价值反作用于社会发展。从长久发展来看,这种人才缺失对国家发展战略和国际地位的影响巨大,所以更加要注重人文素质教育的发展,并将人文素质教育的优势充分作用到社会发展中来。从来就没有脱离特定时代语境的人文素质教育,反过来说,任何一个时代的主流意识形态,也必然要求其人文素质教育与其意

第五章　人文素质教育的原则和方法

识形态相协调,这是思考这一问题时的前提,即时代语境要求。简单地说,人文素质教育离不开历史实践的具体面貌,它与国家意识形态之间有着密不可分的关系,从而成为国家教育方针的一个重要构成方面,体现着国家意志。对国家意识形态建设来说,人文素质教育具有基础性的建构意义。

总而言之,人文素质教育的地位不仅是在学术和文化上看很重要,从政治角度来认识也非常重要。当然,与国家意识形态密切相关的人文素质教育还必须最终落实在个体层面上,回答人文素质教育的个体价值问题。

1. 成人的要素

在中华民族几千年来的文化积淀中,儒家倡导的人格理想极具人文要素,这集中体现在儒家士人在人格的塑造上。《论语》中随处可见这样的箴言隽语:"君子食无求饱,居无求安,敏于事而慎于言,就有道而正焉,可谓好学也已。"在这些言论中,孔子实际上提出了儒家士人"成人"教育的内容。儒家士人人格的塑造,是孔子儒学建国思想的重要部分。作为国家管理的主体,对"君子"人格的要求是《论语》一书中的主要内容,"为人之道"与"为政之道""为学之道"。

其中,"为人之道"关乎主体人格的培养,是其他二义的载体,具有更重要的作用。用今天的话来说,《论语》是一部关乎治国的书,它给出了书里面治国的主体"士人"该如何塑造自己的内容、方法和相关要求。而这些要求中,除了具体的策略外,大部分都是一种人文素质的内容,比如"仁""礼""诚",这些范畴要求的都不是一般的技巧和技能,而是深层的人心塑造。由此可见,中国持续两千多年的儒家文化,就是典型的人文素质教育,这种教育的内容,和"成人教育"具有相关性。

2. 明辨的基础

明辨是"成人"的理性要求,符合当代的时代特点。但是随着时代的变化,明辨的内容也在变化。在当代中国,确立明辨能力的重要性及其在人文素质教育中的重要地位,是非常必要和及时的。

人文素质教育的目的不仅仅是对公德的常识性的认识,从更高的角度来说是培养人具有思想的力量。明辨是非源于思想的力量。在现实生活当中,每个人都会遇到困难或挫折,都会有迷茫的时候,而文化的主要作用就是通过思考消除或者解决人类对生活的困惑与不解。

3. 创新的前提

(1)人文素质水平是创新能力的标志

人文素质水平是创新能力的标志,为创新指明方向。因为人文素质的目的在于人类的幸福,而在自然科学领域,创新则是科学与技术的更新,这种更新必须以人类的幸福为目标。

(2)以人文素质为基础的综合能力是创新的前提

在人文素质基础上产生的综合能力包括合作精神、心理素质、情感力量等,都是创新必不可少的前提。当代的科学发展日新月异,仅仅靠个人的力量是远远不够的。协调一个团队,共同完成一个目标,不仅需要知识,还需要集体意识和共同理想,需要情感的关怀和人性的同情、理解,在心理层面,更需要开阔的胸怀。在占有自然知识的前提下,音乐、绘画和文学艺术等都有助于培养科学家的敏感性,把握自然的奥秘。

(3)创新需要民族情感与共同理想的根植

从国家和民族的角度来说,创新需要民族情感与共同理想的根植。任何一个人都无法脱离他生存的土壤,民族情感是千百年源于血缘的内在积淀,是无法割舍的亲情所在,也是人之为人的精神命脉,它会成为强大的创新动力。而爱国情怀和民族情结是人文素质的重要内涵,它天然地成为人文素质教育对创新能力的前提要求和内容。

(4)素质全面发展

在具体个人修养层面,则需要注重以下内容。

①道德素质是一个人最基本的素质。严格地说,它应该在儿童时期就要养成,而不能到高校阶段才进行培养,比如"讲究卫生""遵守公共规则""交往的礼节"等就是一个文明社会必备的要素。

②智力素质是求知的能力,从知识的创新角度来说,基本的智力素质

是必需的，它是一个人未来探索和研究的必要前提。这一素质包括一个人的智商、逻辑能力、语言表达能力、洞察力和艺术敏感力等。

③身心素质即一个人的自然身体状况以及心理水平，在如今这个剧烈变化的时代，心理素质在某种意义上甚至成为关键时刻的决定因素。现在在很多高校有一个口号："每天锻炼1小时，努力工作50年"。这个口号实际上揭示出了身体素质与创造、创新之间的关系，身体是一个"1"，其他则是后面的"0"，没有这个"1"，多少"0"都是无用的。

④劳动素质即实践能力。在创新面前，尤其是在技术创新面前，动手操作等实践能力尤为重要，它是一个人独立和健康发展的自然基础，也是创新的前提保障。

⑤审美素质是决定创新水平高低的一个要素，说到底，创新都是为人服务的，是实现人的理想。所以，一定的审美素质是必需的，它对创新的结果有着情趣高低的意义。

这五种素质和国家教育方针是一致的，德智体美劳全面发展的人就是教育的目的。当然，在高校阶段，人文素质教育还有一些比较具体而精微的目标。

关于创新的思考，一般来说还要注意如下方面。

其一，创新不是一个口号。不是什么事情加上"创新"两个字就具有合法性，以为有了创新就能解决任何问题。比如有些观念、认识和有些人的幸福则是以古朴为追求。这说明人文精神方面的幸福感和物质满足之间不是必然逻辑，而是应然逻辑，它和主体的心态有关。

其二，创新不仅仅是技术层面的，它也包括精神领域的探索，特别是和人性密切相关的领域，也存在精神面貌的新的体验，但是要特别注意的是，这种体验必须和人类的幸福有关。

其三，创新的手段和技巧与人们的认识水平和实践空间有关。所以，创新的外部环境非常重要，甚至可以说，创新是由其外部的刺激而出现的内部变化。

（二）人文素质教育的社会价值

高校学生作为未来社会的主要成员，还担负着文化传承的责任。因为他们所受过的高等教育必然使他们多了一份文化责任,以及不断提高劳动乐趣的义务,这就是高校学生培养教育所具有的社会意义和社会价值。这种社会价值源于并体现为社会需要。一个社会的稳定发展不仅源于政治、经济的推动,而且源于全体成员对这一社会的认同和参与程度。在个体与社会之间,社会成员的素质修养深层次地决定着个人与社会的和谐程度。因此,人文素质的程度水平非常重要,人文素质教育重要的社会意义也不言而喻。

1. 社会稳定的信念

任何社会的稳定都需要一个总体统一的价值观念和一个基本稳定的社会人群。在现代,社会主义核心价值观和知识群体就起到稳定社会的作用。因此,信仰的建立是在社会价值观念层面要思考的重大问题。每一个社会都有建立在不同的经济模式基础上的主流与核心的价值规范。对于一个社会来说,信仰的稳定性决定着人们的认知水平和行为能力,也维系着社会的稳定。

其实,信仰是人文素质的一个组成部分,可以应用于对公民的塑造;同时,它又是超越人文素质的,有着跨越时间、民族和历史的终极意义。毫无疑问,在信仰层面的管理和建构,能够使一个时代趋向稳定。

2. 社会进步的常识

任何一个社会、时代都要有常识。常识是素质教育的一大主题。中国人按照春夏秋冬的自然变化管理着人类社会,包括儒家士人借此机会渗透他们的思想影响。在儒家文化价值观中,天地君亲师、仁义礼智信被塑造成常识,它维护了以儒家文明为核心的中国两千多年的时代。在全球化的时代,各种文明已经相互渗透,在各自文化独立性自我强调的同时,是世界文化的不断交融。目前我国公民意识和公民社会的建设已经走上正轨,成为越来越多大众的普遍诉求。以进步的契约为社会准则,发展社会是世界的潮流。这样,从遵守常识到突破常识,就要从素质抓起,对常识有清醒的认识,才会对社会进步有更大的作用。

3. 社会批判的思想

作为一个健全的社会,不能失去它的批判精神,而批判精神源于人文素质教育养成的社会批判能力,这是单纯的知识教育所不能给予的。因此,作为一个完善的社会,保持思想的批判能力至关重要,这正是人文素质教育所担负的思想批判功能。高校学生人文素质教育的根本目的在于塑造创造历史的人才,所以对其进行社会批判意识的培养是应有之义。

三、人文素质教育的功能

人文素质教育的落脚点在于培养人,培养具有文化自觉能力的人。人文素质教育在这一方面担负着重要的任务,这也是人文素质教育的功能所在。

(一)协调个体

人文素质教育中的基本内容能够促进个体与社会之间的协调发展,进一步缓解个体发展与社会发展之间的矛盾。人类不同于一般动物的地方,在于人类的群体性和由群体而结合的社会属性,这一群体既是使每一个个体有所依托的靠山,同时也是使得每一个个体感受到压抑的力量。在个体与社会之间,这种既互利又互相挤压的现状要求从教育领域协调二者关系,人文素质教育正是解决这一矛盾的领域。

国家和民族文化要发展就必须有人文素养做基础。因此,个人素养与国家是密不可分的,从来就不是一种对立的关系,而是一种协调的关系,同化、协商、谈判、妥协等多种因素都在其中,最佳的结果是"讲和",这就是人文素质教育的功能之一。

(二)明晰思想和知识

知识传授与思想倾向是不能分解的。也就是说,单纯的知识传授不能决定知识使用的方向,因此,人文素质教育的功能也在于明晰思想与知识的分合关系。

对于每一个个体来说,知识的获得需要记忆和一定的身心感受能力和思维能力,而思想的获得则源于自由的愿望、自我意识的强度和群体社会的责任观念。知识的面貌存在更新。过去认为是对的知识,由于时间、空间和人类研究能力和手段的提高会发生变化,比如从普通物理学到量子力学,再到宏观物理学;有时甚至是本质的变化,比如从"地球中心说"到"太阳中心说",再到今天的"婴儿宇宙"假想理论。尽管有这样的变化,但不可否认,知识具有相对的客观性。

人文素养则不同。人类的一些思想和愿望,包括人类历史上某些产生深远影响的思想、对人类无限肯定、给人们以信心的思想,其实可能是一种错误。放在历史的层面就会发现,在思想和知识之间,人类的前进道路是在鲜花和荆棘丛中走到今天的,思想和知识也都是处于发展和变化中的。需要细致地剥离缠绕其中的情绪的、感性的认识,看到二者统一和矛盾的方方面面,为今天的思考服务。

知识体现为一种结果,它为思想提供依据,而思想是一种思维和判断,它要反思知识的面貌、评价知识的水平和意义。人文素质更多的是为探求知识提供原动力,为恰当的思想提供人性的标准和思维的基础要素,包括自由倾向、感觉能力、逻辑能力等,人文素质教育的深化有助于在不同方面促进二者的发展。对于知识提高来说,人文素质的培养将注重思维能力、求异能力、抽象能力等,在思想培养上,人文素质教育将发展人类的判断力、批判力和反思能力。人文素质教育还有助于提高高校学生的思想水平和寻求知识的能力,明晰二者的不同作用。在人类历史上,思想指引着人类前进的方向,包括知识寻找的方向,而人文素质教育将在人文的意义上强化这一观念,特别是自由的观念,这样的努力结果是把知识的地位拉回人间。

总之,在人才培养中,人文素质教育有助于一个人的全面成长,它从人性深处出发的自主意识、求异的反思思维模式、感性的判断力都将有助于一个人思想、素养的提高,促进个体与社会的协调发展,也促进知识和思想趋于完善。

(三)平衡能力

作为人生修养的人文素质教育,对自我发展,特别是处理素养与能力的关系具有相应的功能。在此,如何强化素养与能力,是需要思考的一个问题。

首先，单纯的知识教育有可能使学生拥有非凡的能力，恰当的人文素质教育应有助于协调学生平衡素养与能力之间的关系。这里的素养既指身心修养方面的人文素质，也指在人类精神方面的修养，尤其是在当下，从具体形态上说，比如艺术、音乐、绘画等。在人才培养中，要把综合素质的熏陶与知识教育结合起来进行，避免人才结构的单一化，避免人才培养的单面化。

其次，在人文素养方面，进行更加细密的培养，能够更好地平衡人文素养与能力之间的关系。比如，音乐训练不仅是要对学生进行音乐作品本身的感受，而且更是在这一训练中培养感受能力；文学素养教育也不是单纯为了培养学生去阅读和写作，更要促使学生在阅读和写作中的精神提升。能力的深处是人的整体感觉，在进行人文素养训练中，从表层看是在进行具体的精神产品形态的熏陶，从深层看则是对蕴含在这些产品形态中的思维方式、认识方式、价值观念和感觉方式的培养。而这些方式，将成为能力转化的内在动力。

最后，人文素养有助于生活面貌的改变。在此基础上，将会大幅提升人们认识的敏感性，影响人们对生活方向的选择，从而转变其能力提升的前进方向。特别是在人文科学、社会科学与自然科学研究的不同领域，人文素养有助于主体把握努力的正确方向。

第二节 人文素质教育的目标与内容

一、人文素质教育的目标

为了更好地适应新时代中国特色社会主义建设的需求，我国各行各业都在积极培育高精尖人才，在这个过程中，需要加强人文素质教育，这样才能更好地培育出优质人才。

对于社会需求而言，当下的各类科学知识之间相互交叉、相互渗透，其中社会科学与自然科学之间相互交织的知识变得越来越多，科学界限变得越来越模糊。对于高校学生而言，必须提高自身综合素质，将所学习的社会科学知识与人文知识进行有机的结合,更好地与未来高速发展的社会相对接。对于个人发展而言,需要不断加强人文素养,通过人文素养的提高来更好地满足社会对于自身的要求,以便自己可以更好地为社会创造价值。

高校学生内部世界建设更加重要,学生内心世界的建立就更加迫切,情绪人格优化就更加突出。因此,要实现协调发展,高校就要把大学生培养成为和谐发展的人。

教育是提高人的素质和能力最有效的方法和手段。当前,要提高大学生人文素质,促进大学生全面和谐发展,加强人文素质教育是最好的选择。加强高校学生人文素质教育,有助于优化大学生的知识结构,提升道德修养,培养审美情趣;有助于调适大学生的心理,培养健康人格,促进身心协调发展;有助于构建大学生的人际关系,让大学生能够更好、更快地融入社会;有助于进一步开发大学生的智力、智能、创新能力和可持续发展的能力;有助于进一步升华大学生的内心精神,丰富精神需求,构建大学生美好的精神家园。因此,大力发展高校学生的人文素质教育,不断提高大学生的人文素养,进一步促进大学生全面协调可持续发展,不仅是高校人文素质教育的总目标,也是当前高校面临的一个重大而现实的课题,更是实现我国社会主义现代化建设新阶段目标的时代任务。

二、人文素质教育的基本内容

按照高校人文素质教育的总目标和培养要求,高校人文素质教育的内容体系主要由以下五个方面构成。

(一)人文知识教育

只有在具备相应人文知识基础的前提下,高校学生才有可能进一步提升个人的人文素质,形成高尚的人文精神。因此,在培养大学生人文素质时,需要特别注意学习和接受的人文文化知识,主要包括以下五个方面。

1. 文学知识

文学主要是指通过文字的手段塑造人物形象,反映社会生活。通过开展文学知识教育,可以让大学生在浓厚的文化氛围中陶冶情操,丰富精神世界,拓宽视野,不断提高大学生对困难和挫折的承受程度,从而激发大学生对人性和生活的美好追求。文学教育是师生以文字为媒介、以文学作品展示的人类文化意象为内容,与作者进行精神沟通、丰富心灵世界、构建精神家园的活动。文学教育的最终目的是促进大学生人文精神的提升,文学教育的精髓在于提升人文精神,文学教育的基本目标是人文意境的感染与人文精神的启示并将其内化为人文素质。对大学生开展文学教育,对丰富大学生的文学知识、陶冶大学生的情操、塑造大学生的人格、建设大学生的精神家园、提升大学生的人文精神等方面,有着积极、深远的意义。在优秀的文学作品中,随处可见具备优良的人文精神和人文素质的文学人物,充满了真善美的激情和美好的人类本性。大学生在阅读大量优秀的文学读本后,其心灵也会得到进一步启迪,大学生的道德价值体系进一步完善。因此,加强大学生的文学教育,特别要注重引导大学生阅读文学经典,培养大学生形成良好的人文修养。

2. 历史知识

历史是一种反映人类社会发展过程的知识体系,是涉及社会多样性的人类发展的写照。人们可以借助历史,从各种角度描述、记录个人、群体乃至全球人类的经历。对大学生开展中外历史发展教育,所取得的历史素质培养的效果,是其他人文基础知识课程所不能达到的。新时代的大学生必须具有一定的历史基本素养,包括中国的历史、外国的历史;古代史、近现代史;社会发展史、科学文化史等各个方面。唐太宗说过:"以史为镜,可以知兴替。"龚自珍也说过:"欲知大道,必先知史。"通过学习历史,可以了解历史,提升个人的智力水平,进一步激发大学生的爱国情、使命感和责任感。通过对历史知识的学习,可以丰富大学生的知识,开阔大学生的视野,培养大学生的综合能力,能够帮助大学生从历史学习的过程中不断汲取知识,全面地认知过去,客观地了解现在,科学地预测未来。因此,培养大学生一定的历史知识和历史感是大学生素质教育的重要环节。

3. 哲学知识

哲学是一种知识,更是人类知识体系的核心和灵魂。以马克思主义哲学为主要内容的世界观和方法论教育,是人文素质教育内容的核心部分。在帮助大学生树立正确的世界观、人生观、价值观时,哲学的修养对于全面提升大学生的综合素质有着极其重要的作用。哲学作为一种世界观和方法论的理论体系,能让人的思想更有深度、厚度和高度。可见,没有系统的理论思维和较高的哲学素质,高水平的人文修养便成了空谈。因此,当代大学生在大学期间要认真学习中外哲学史,特别是中国哲学史。

4. 艺术知识

艺术能够直观、敏锐地再现人类的生活,将人生的面貌丰富、真实地展现在大家面前,是人们品味人生、思考人生的重要方式之一。人们可以通过艺术手段和艺术创作加深对人类社会和人类本身的认知和理解,不断提升自身的审美水平,不断追求优质和完美的生活。艺术是一种以陶冶情操和提高审美为主要目的的知识教育形式,可以有效地拓展大学生的艺术基础知识,丰富大学生的内心世界,潜移默化地对大学生产生积极的影响,而其他形式类的教育无法通过这些形式达到良好的艺术效果。大学生要想实现思想上和精神上的进一步提高和升华,只有不断接受艺术的熏陶和打磨,加深对艺术的认识和理解,才能进一步激发出灵感,释放自我。因此,艺术教育是高校人文素质教育的重要组成部分。不断加强艺术教育,才能有效提高大学生的审美情趣,塑造大学生完美的人格,引导大学生形成正确的思想品德和道德观念,不断开展大学生的创造意识和潜力。因此,必须重视加强对大学生文艺社团的管理和指导,鼓励大学生建立更多的文艺社团组织,积极开展课外文化艺术活动,不断丰富大学生的文化艺术生活,培养大学生的艺术创造能力和鉴赏能力,不断提升大学生的艺术素养。

5. 语言知识教育

语言是人类最重要的交际工具,它和思维息息相关,是人类形成和表达思想的重要手段,也是人类社会的信息载体。人们通过语言的形式将人类文明的丰硕成果保存下来并不断发扬。语言素质是一个人人文素质的重要组成部分,也是推进和发展一个人其他素质的重要内驱力和基本保证。语言素质从狭义上讲是指语言及其说、读、写等的运用能力;从广义上说,则是指思维能力。语言素质一般由两个方面组成,一是语言再认识与理解素质,包括语音能力、词汇与语义能力、语法能力等;二是语言素质,包括阅读能力、写作能力、语言交际能力等。语言教育的目标是增强语言素质、提高语言能力。大学生要重视母语的学习,认真学好汉语相关知识,不断增强民族自身的文化认同感和归属感,提高自主学习能力、创造创新能力、思维能力、信息化能力、职业能力等可持续发展能力,把自己塑造成为语言使用文明、交际能力良好的高素质人才。

(二)人文文化教育

中华民族几千年的悠久历史是一部社会发展的进步史、文明史。中国在自己的历史长河中,形成了中华民族优良的文化传统。这些传统随着时代变迁和社会进步获得扬弃和发展,对国人的价值观念、生活方式和中国的发展道路具有深刻的影响。中华民族辉煌灿烂的文明是一笔极为宝贵而丰富的精神财富,是一个取之不尽、用之不竭的精神宝库,也是一种特殊的思想资源和教育资源。通过人文文化教育,使大学生认识祖国丰富而悠久的文化遗产的内涵、价值及其现代意义,产生民族认同感和自豪感,继承中华民族"团结统一、独立自主、爱好和平、自强不息"的优秀文化传统;使大学生了解中华文明的博大精深、源远流长,激发他们强烈的爱国情感与高度的民族责任感,重塑民族人文精神。同时,基本了解世界上不同国家、不同民族的文化特点、心理模式、思维方式和文化背景,正确理解并尊重各民族文化,充分认识到文化与人、社会、自然、经济之间的相互作用和密切联系,把握好文化所具有的时代特点和客观发展规律,形成良好的文化修养。

(三)人文精神教育

人文精神作为衡量人的人文素质的重要标准之一,是关注人类命运的一种理性态度。因此,每一个人都应当具备一定的人文精神。有学者对中华人文精神做了归纳:人文化成——文明之初的创造精神;刚柔相济——穷本探源的辩证精神;究天人之际——天人关系的艰苦探索精神;厚德载物——人格养成的道德人文精神;和而不同——博采众家的文化会通精神;经世致用——以天下为己任的责任精神;生生不息——中华民族的人文精神在当代的丰富与发展。人文精神的构建是每一个人都不可推卸的责任,每一个中华儿女都有责任将中华人文精神继承和发扬下去。人文精神是传统文化的历史产物,具有历史性、民族性。此外,人文精神还是时代的产物,具有时代性和开放性。大学生要立足今天社会发展的时代要求,博采众长,积极学习、理解、借鉴当代的人文精神,包括人本精神、自由精神、民主精神、法治精神、平等精神、科学精神等。

通过人文精神教育,有利于促进大学生形成对人类有价值的人文精神,引导大学生形成优良的人文素养,不断提升和丰富大学生的精神境界。

(四)公民意识与素质教育

大学生是国家、民族的未来和希望,其公民意识和素质如何直接关系到国家前途和民族命运。一个合格的人才首先是一个合格的公民。进行现代公民意识与公民素质教育是加强大学生人文素质教育的一项重要内容。

公民意识是一种社会意识,是体现在国家、民主、法律、公德、环境等方面的现代民众意识。具体来说,这种意识不仅包括主体的权利意识,还包括公民对于国家和社会的责任感。公民意识的核心是权利意识和责任意识。培育大学生社会主义公民意识,是一个具有时代意义的课题,是加强大学生人文素质教育的重要内容,是构建社会主义和谐社会的需要。社会主义公民意识教育包括如下几个方面的内容:一是培养公民形成国家的意识,不断强调广大人民群众对各民族的认同感;二是培养公民形成义务和权利相统一的权责意识,提高公民参与国家和社会生活的积极性,突出公民的社会主体地位;三是牢固树立在法律面前人人平等的观念,依法办事、公正法治,培养公民形成正确的法律意识;四是培养公民文明的行为举止,引导公民形成符合社会发展的公德意识;五是要牢固树立公民的环境保护意识,在发展社会的同时不断提升环保素养。

(五)人文社科的理论教育

人的认识是不断深化、不断发展的。人文社会科学方面的新思想、新理论随着时代的前进而不断出现,为我们的人文素质教育注入了新的内容,开辟了更为广阔的视野和空间。因此,对于反映时代潮流和社会发展趋势的人文社会科学新观念、新理论,要及时向大学生进行传授和灌输。如新出现的环境理论学、可持续发展理论、生态与资源理论、生物工程学等,对大学生来说是不可缺少的。

以上内容体系体现了大学生人文素质教育的全面要求,各项内容之间既有区别又有联系,既有侧重又有交叉,它们相互影响、相互促进,共同构成了人文素质教育内容体系的有机整体。因此,高校要正确把握各项内容之间的关系,既要注重发挥某项教育内容的独特功能,又要注重发挥整个内容体系的综合效用,更要考虑相关影响因素。

综上所述,高校人文素质教育首先要以人文学科类的教育为重点,包括语言教育、历史教育、文学教育、哲学教育、艺术教育等各方面内容。其次,要开展文化教育。在文化教育中,民族文化教育是重点内容,包括民族文化的基本传统、文化内涵、民族的基本精神、民族相关传统教育等。文化教育的根本目标是让人们对本民族的基本价值观念和行为模式达到基本认同,促进人类和社会之间的协调发展。文化教育并非单纯的理论知识教育,也包括各种思想内涵、心理模式、生产方式、思维方式等方面的教育。再次是人类意识教育,主要包括人类社会取得的基本文明成果、人类的道德观念和价值观念、行为方式等方面。开展人类意识教育是要让每一个个体都能够与他人和社会、民族、环境和谐共处,既能够满足自身的发展需要,同时也增强了个体之间的相互协作,增强了自身的合作意识,实现自身和社会的可持续发展。最后是关于精神修养的教育,主要包括精神的境界、人格、信仰、信念、修养等内容。

第三节 人文素质教育的原则

人文素质教育的原则就是在大学生人文素质教育活动中必须遵循的

基本准则。它不仅在宏观上指导着大学生人文素质教育活动,而且在微观上规范和调节着大学生人文素质教育活动的各个方面。

一、科学性与方向性相统一

科学性与方向性相统一原则是指人文素质教育活动既要体现科学性,又要坚持方向性,将科学性与方向性统一于人文素质教育活动中。

所谓科学性,是指大学生人文素质教育活动所蕴含的规律性、真理性的内容要求得到遵循和满足,主要包括人文素质教育的内容客观现实性、教育规格以及教育方式方法的合理性。而方向性则主要强调人文素质教育的价值指向性,应该是合乎社会发展大趋势、主流意识形态及文化,并能对人们的正确行为发生导向作用。

从历史和现实来看,方向性要求较为容易得到贯彻,任何阶级无不从各自的政治目的出发,通过教育活动向学生施加自己的价值观念和道德影响。孔子就主张:"君子博学于文,约之以礼,亦可以弗畔矣夫。"唐朝韩愈说:"师者,所以传道授业解惑也。"宋朝周敦颐提出"文以载道"。同样,对大学生进行人文素质教育的目的就是通过提高大学生的人文素养、人本精神,使之具备适应当代社会发展的思想品质。其中,核心目标就是增强大学生的主流价值意识,即坚定走中国特色社会主义道路的信心,树立实现中华民族伟大复兴的崇高理想信念等。相对而言,科学性要求则不易达成。而大学生人文素质教育坚持科学性与方向性相统一,具有较强的客观必然性和现实意义。其一,唯有如此,才能保证与社会主义高等院校培养目标的一致性。高校不仅要培养适应现代社会、能求得生存和发展的人,更要培养社会主义现代化事业的合格建设者和可靠接班人。只有这样,大学才能不辱使命,社会主义现代化事业才会后继有人。其二,科学性与方向性的统一,有利于优化人文素质教育的效果。坚持统一的方向可以坚定信心、激励斗志,使人文素质教育活动有着精神动力支撑;坚持科学性可以保证教育活动的有效开展,人文素质的有效提升。

人文素质教育不同于科学教育,其主旨是通过人文学科的知识传授和精神引导,为大学生解决人生困惑并寻求信仰的支撑。所以,人文素质教育不能仅限于知识传授,更重要的是对学生世界观、人生观、价值观的塑造。它面对的是人的精神世界,要构筑人的灵魂家园。故既要贯彻方向性,使全体师生认识到人文素质教育的价值指向,并在教育互动中不断调整,又要讲求科学性,将内容的真理性与方法的灵活性有机地结合起来。努力探寻社会目标和个人目标融汇一致的契合点,努力使人文知识、人文精神有机地渗透到大学生生活的方方面面,做到教育的有效接受,达到殊途同归的效果。

二、理论与实际相联系

理论与实际相联系是唯物辩证法的基本要求,是指导人类认识或学习活动的普遍规律之一,也是任何教育教学活动必须遵循的普适原则。古今中外不少教育家都对理论联系实际作过深入探讨。中国古代荀况就提出:"知之不若行之,学至于行之而止矣。行之,明也。""知之而不行,虽敦必困"。大学生人文素质教育坚持理论与实际相联系,包括两层含义:一是在人文素质教育中,教师把基础理论与现实生活实际联系起来,把教育普遍规律与学校人才培养目标、课程体系、师资状况、学生来源和特点结合起来,因地制宜地制订符合自身实际的人文素质教育方案,使学生真正理解和掌握基本理论;二是在实践教学环节,特别是在大学生的人文素质教育实践中,要坚持理论知识的主导作用,因为理论知识反映了自然界、社会和人类思维发展的最普遍规律,对实践具有广泛的适应性和指导作用。理论联系实际,体现着理论和实际的相互关系,理论教学与实践活动协调统一、互相补充、互相促进,既通过联系实际掌握理论,又要把理论应用到实际中去,这是大学生人文素质教育取得成效的根本途径。

一切真知均来源于实践。作为大学生人文素质教育主要内容的人文社会科学知识,是对社会实践经验所作的高度概括和提炼,对大学生而言,属于间接经验。对于这种抽象的理论知识,高校教师如果不考虑大学生的实际情况,不联系社会现实生活,不但会使学生感受不到理论知识的亲和力和真实感,还会使学生产生"厌烦"心理。因此,抽象的理论须和具体的实际有机结合,通过实践教学弥补大学生在一定程度上直接经验的不足，使学生自然、自觉地吸收抽象的人文社会科学知识。另外，理论学习和实践教育，是培养当代大学生人文知识和道德能力的两个重要组成部分。人文素养、人本精神的培育总是通过一定理论知识影响人的思想而起作用的，因此，坚持理论教育，向大学生系统讲授人文社会科学等方面的知识，有利于提高大学生的认知水平和理论思维能力。人文素质教育除了理论讲授，还要注重实践体验，强调知行统一，这也是理论联系实际的一个重要方面。通过组织大学生参与人文素质教育实践活动，引导大学生接触社会、深入生活，通过参与实践来正确认识和解决现实生活中出现的各种问题，从而提高分析问题和解决问题的能力。

如何坚持理论联系实际呢？第一，要联系实际指导大学生人文素质教育中各种理论的形成、发展过程。所谓理论，是从实践中来又经过实践检验的认识，是人脑对客观事物及其规律的正确反映，并按其内在逻辑组成的一定体系。科学理论能够揭示社会发展的规律，预见未来，帮助人们把握社会发展的方向和历史进程，能够提供正确认识事物和解决事物的方法。因此，高校教师讲授这些理论时，要综合运用多种方式引导学生确切了解理论的形成、发展过程，用于论证理论的材料必须真实、准确，具有典型意义，还要有说服力。第二，要联系当代大学生的具体实际。根据大学生的实际情况有针对性地进行人文素质教育，也就是因材施教的方法。因此，教师首先要了解学生的这些思想实际，精心准备和运用相应的教学内容、教学手段、表达方式开展人文素质教育，以培育学生的人文素养和精神品质等。另外，联系实际还要了解学生的个体差异、生活状况、专业背景、知识能力等。只有联系大学生的具体实际，才能最大限度地保证教育的实效性。第三，要联系高校教师的实际。人文素质教育的实效如何，主要取决于教师。如果教师仅仅局限于把理论讲清，把内容讲完，只能使学生理解、明白，未必能使学生有效接受。人文知识、人文精神要做到被大学生心甘情愿地接受，教师必须在"情"和"理"上下功夫。教师自身要明理，掌握真理、信仰真理，同时，对教学要有真实的情感投入。人文素质教育要引导大学生树立正确的世界观、人生观、价值观，提高大学生的人文素养和人本精神，是直接以育人为目的的活动。教师面对的是有血有肉、有思想、有情感的大学生。如果教师能乐于现身说法，用自己的亲身经历、心路历程例证某些理论，则会产生很大的感染力和说服力。

三、专业教学与人文素质教育相融合

专业教学与人文素质教育相融合，就是在专业教学过程中，使学生掌握一定的专业知识和专业技能的同时，对学生进行人文素质教育，提高学生的文化品位、审美情趣、人文素养及人本精神。如果教师仅仅单纯地进行专业教学，就不能有效地解决学生的思想困惑、道德困境、做人问题，也就不能提高学生的道德觉悟、人文素养。对于高校教师教书育人的职责来说，这样的教学不能算是成功的教学。在专业教学和人文素质教育之间考量，人文素质教育也应是"重点戏"，专业教学的落脚点是为培养大学生适应社会、学会做人，造福人类的能力服务。教师应以专业教学为载体对学生进行人文精神的培育，把专业知识转化为学生的理论武器和认识能力。

人文素质教育要遵循人的思想发展规律，融合到各种专业教学内容和方式中，以循序渐进和潜移默化的状态进行。大学生人文素质教育融合、渗透到专业教学中去，具有重要意义。其一，可以形成教育合力，产生新的综合性、具有感人气息的教育力量。这种教育合力，可以产生一种"整体大于局部之和"的综合功能效应。人文素质教育融入专业教学中，就等于高校专任教师都参与人文素质教育工作中，正像恩格斯所言的"许多人的协作，许多力量结合为一个总的力量，用马克思的话来说，就造成'新的力量'，这种力量和它的一个个力量的总和有本质的差别。"其二，可以产生"春风化雨，点滴入土"的效果，促进大学生思想发展的良性循环。人的思想都是在知、情、信、意、行五个要素的反复循环中形成发展的，高校人文素质教育实际就是促进大学生思想的良性循环发展，通过与专业教学相融合，能让大学生在不知不觉中受到教育，在自然熏陶下得到提高，因而可以收到理想的教育效果。

在大学生人文素质教育过程中，如何坚持专业教学与人文素质教育相融合呢？第一，要协调好专业教学与人文素质教育的关系，形成合理的

系统教育结构。能否坚持专业教学与人文素质教育有机融合,关键在于教师。因为人文素质教育相对于专业知识而言,有其自身的特点,专业知识教育仅仅是让学生了解、知道所授的内容,而人文素质教育涉及的是学生的思想境界、内心世界,通过影响学生心灵,触发其思想转变,心灵净化,境界提升。因此,每一位专业教师都应当明确专业教学并不仅仅是传授完知识了事,还包括育人层面,要提高学生的思想觉悟、精神品质和人本精神。第二,专业教学要紧密联系学生的思想认识问题。随着市场经济的深入发展,我国社会经济成分、组织形式、就业方式、利益关系和分配方式日益多样化,大学生思想活动的独立性、选择性、多变性和差异性日益增强。高等院校各门课程都具有育人功能,所有教师都负有育人职责。教师在教学中要注意观察学生的课堂反应,紧密围绕大学生普遍关心的重大问题以及个别学生的思想认识问题,做好释疑解惑和教育引导工作。这类问题尽可能地在课堂上即时解决,容易达到事半功倍的效果。

四、教育与自我教育相呼应

教育是指在人文素质教育中,教师通过一定教学内容影响大学生,力图使大学生接受教学内容所承载的思想观念、道德品质、人文精神,并内化为自身的品德意识的过程。自我教育就是教育对象自己教育自己,自觉地进行自我剖析、自我管理,主动地接受正确的价值观念,形成良好的行为习惯的过程。教育和自我教育相呼应体现在人文素质教育过程中就是价值引导和自我构建相统一。人文素质教育的关键在于培养教育对象的自我教育意识、自我教育习惯,使其在价值多元化的开放社会中依据教师所传递的主导价值观进行自我选择和自主构建,并对自己的选择切实地承担相应的社会责任。

坚持教育和自我教育相呼应,符合内化与外化辩证统一的教育教学规律。大学生人文素质教育的过程实际上是一种内化与外化辩证统一的过程,因此,要增强人文素质教育的实效,教师在教育实践中必须遵循内化外化规律,实现内化与外化的辩证统一。一方面,教师要积极引导和帮助大学生接受人文素质教育内容所承载的思想观点、价值观念和人本精神并转化为自己的个体意识,自觉地将这些元素作为自己的价值准则和行为依据,从而为外化过程奠定坚实的基础;另一方面,教师还要善于引导学生的外化过程,促进学生将个体意识转化为良好的行为习惯,产生良好的行为结果,这就是外化过程。内化与外化是辩证统一的。内化是外化的基础和前提,外化是内化的目的和归宿。高校人文素质教育要顺利地实现学生的内化和外化,离不开教师的积极影响,悉心指导,更离不开学生主观能动作用的发挥。也就是说既离不开教育,也离不开自我教育,要求坚持教育与自我教育相结合。在人文素质教育实践活动中,教师的作用是提供一个良好的外部条件,把教育内容所承载的精神实质通过恰当的方式传授给学生。学生的自我教育意识和自我教育能力,需要在教师的影响下形成和发展。教师提供自我教育的起点和动力,决定着自我教育的氛围和导向。自我教育是衡量人文素质教育是否有效的一个标志,又是人文素质教育最终落实的归宿。现代社会,自我教育之所以重要,与社会的开放性、价值取向的多元化、思想活动的独立性、选择性加大有很大的关系,这些都增强了大学生的主体性,对自教自律提出了更高的要求。

坚持教育与自我教育相呼应,要做到以下三点:第一,要充分发挥教师的主导作用。要防止和反对人文精神培育的"自发论"。开放、多元的现代社会对高校教师提出了更高的要求,教师要充分意识到自身的责任与使命,以身作则,率先垂范,增强自身的人格魅力,以帮助塑造学生的理想人格。第二,要善于启发、提高学生的自觉性和自我反思能力。受教者的认识活动是一种自觉、能动的思维活动。在人文素质教育实践中,教师如果重视启发人们的自我意识,重视培养提高学生积极思维的自觉性,学生就能在自觉的基础上增强自我教育能力。古人云:学而不思则罔。讲授给学生的人文社会科学知识没有经过学生的思考、反思,就不能被学生真正掌握和接受,学了新理论、新知识,却不会运用理论思考,不能用来解决自身的实际问题,这种理论、知识就没有转化成相应的能力,也就毫无意义。因此,教师在人文素质教育中应该多给学生独立思考、表达见解的机会和时间,以最大限度地增强学生的自我教育能力和面对复杂社会的应对能力。第三,要充分发挥学生的集体自我教育的作用。集体自我教育是同龄群体通过互相影响、互相启发、互相学习而实现互相教育。集体自我教育的积极作用不容忽视。大学生的主体意识较强,学生之间,由于年龄相仿、背景相似、兴趣相同,容易沟通并实现共鸣。高校应充分利用条件,开展丰富多彩的第二、第三课堂活动,在活动中激发大学生集体自我教育的需要,并以学生之间良好的情感、情绪为保障,把人文素质教育转化成当代大学生的一种生存方式和自我发展的内在需要。

第四节 人文素质教育的方法

人文素质教育方法是教师为了实现人文素质教育目标,传递人文素质教育内容,对学生采取的思想方法和工作方法。人文素质教育的方法有宽有窄,有点有面,涉及方法论方法、研究方法、教学方法、学习方法等。前述人文素质教育的原则和途径,实际上也是一种人文素质教育的方法,是人文素质教育的一般方法和基本方法。本节着重从教师角度,以选择教育内容入手,就实施教育的方法进行阐述。主要包括学科交叉法、中西融合法、古今搭桥法和就地取材法。

一、学科交叉法

所谓学科交叉法,是指在人文素质教育过程中,教师充分挖掘和整合不同学科中有利于学生丰富人文知识、提升人文素质、形成人文精神素材的方法。即高校教师在实施教育时需有多学科的视域,从学科上进行比较深刻而全面的领会和思考,并聚焦于文与理、文与文等不同学科的交叉结合部,从中研究寻找人文素质教育的素材和资源。

学科交叉是科研思想的来源。因为传统单一学科发展到一定时期,会遇瓶颈甚至极限。科学技术发展的一个重要特点是综合化和交叉发展,许多新学科都是在两个或多个学科的交叉点处生长和发展起来的。随着学科交叉融合进一步加快,科学家再不能局限于本学科领域方面单纯的研究,必须注重跟其他学科领域的科学家共同探讨、共同发展、交叉融合、共同合作,将一个学科发展成熟的知识、技术和方法应用到另一学科的前沿,能够产生重大的创新成果。

学科交叉也是人文素质教育的方法。高明的教师善于利用自身积累的知识优势,发展学科交叉的切入点,及时开辟新的教育内容和方向。更新教育内容意味着突出现代、反映前沿、追踪发展和学科交叉。教师不能只看自己所在学科的教材和图书,而应关注相邻学科及其结合部,不断学习相关学科和交叉学科知识,建立交叉学科教学项目。着眼从单一学科角度无法充分分析的主题的学习研究,形成一种学科交叉的教育视角。

学科交叉方法的长处包括两点:一是有助于教师扩充教育视域,更新教育内容,提升教育层次,强化人文素质教育的新颖性、前沿性、学理性;二是有助于大学生培养学科交叉的思维习惯,赋予未来的公民和领袖以足够的知性,分析、评价及综合不同来源的信息以得出合理的决定。

对学科交叉方法的质疑主要集中在认为这种方法缺乏综合性,即教师选取多学科的视角,却没有充分的指导以克服学科间的冲突,获得对问题的综合认识,且只有少数学生才具备所要求的知识和智力的成熟性。对这种方法的质疑虽值得重视,但不可因噎废食地对这种方法加以否定。

二、古今搭桥法

古今搭桥法是指人文素质教师以传承和扬弃的态度,从历史典籍和传统文化中充分挖掘和整合不同历史时期人文素质教育素材的方法。

有人说"通于古者窒于今",也有人认为知今便难通古。而如果能融汇古今,善于在历史与现实之间来回穿梭,则可能通古今之变,成一家之言。首先要知古守根。现实是历史的延续,它本身也要演变为历史。在很大程度上,人文素质教育必须回归、再造传统,到历史中去寻找可资批判继承与参考借鉴的人文遗产。作为一个有着悠久历史的文明古国,中国传统文化中有着取之不尽的人文素质教育资源,产生过众多杰出的圣贤,他们怀着卓绝的理想,持有坚定的信心,表现出了自强不息、超凡脱俗的精神境界。重新激活这些资源,让他们在现代大学的人文教化中发挥作用,是现代教育弘扬人文精神的重要内容,也是富有时代意义的课题。

在现代汪洋似海的大学校园中,应保留教育理想,使人文素质教育有憩息、舒展、生长的空间,从而为大学保留一片学习园地。教师应该有针对性地在及时反映马克思主义发展的最新成果的同时,将人文素质教育的精华融入其中,并不断丰富教学形式,以增强教育的吸引力和感染力。

首先,强化大学生的人文素质教育,力求兼收学习人文知识、提升人文精神之效。特别是在经济全球化、文化多元化的时代背景下,在吸收外来文化的同时,我们首先要保住源远流长、博大精深的中华民族文化的根本。倡兴国学,资人励己以传民族大义显得尤为紧迫和重要。

其次要知今守望。要把人文素质教育与社会现实及大学生实际紧密结合起来,从实际出发,根据学生知识结构和接受心理,有计划、有针对性地进行循序渐进的教育,并在教育方式上有所调整和创新。在教学内容上,要注重挖掘人文精神,使学生在潜移默化中受到优秀古典人文精神的熏染,将传统文化与学生人文素质培养结合起来。充分发挥人文素质教育的功能,用传统文化的麟髓凤乳滋养学生的精神生命,使其内化为学生的精神品格、气质修养。在教育手段上,要采用现代教育技术来普及传统文化,一些古典人文作品可能文字艰深,不宜全盘口述,而以图像、声音、动画配合文字,则更有助于加强教学的直观性和生动性。以图而言,中国古代丰富的文化遗迹,如甲骨、帛书、绘画、雕刻;以声而论,如诗词诵读、古曲演奏、古典戏曲片段等,都会得到生动直观的展示,从而增强教学效果。让他们感受到中华优秀传统文化,掌握学术知识之余也提高自己的精神修养,其作用是"润物细无声"的。

三、就地取材法

就地取材法是指利用当地文化资源进行人文素质教育的方法,即高校教师在实施教育时应注意发掘本国、本省特别是本地本校的教育资源,选取靠近师生身边的典型文化载体、事件、人物,加以去粗取精、去伪存真、由表及里的分析评判,以达人文素质教育特定效果的方法。

传统文化中的各地地方文化,如乡土地理、民风习俗、历史人物、生产和生活经验等,是中华文化的重要组成,是中华文化形成和发展的土壤。

我们民族文化的 DNA,存在于民俗、民间文化之中。地方文化作为地方的人来说,就是基因文化,它具有独特性、亲切性、实践性。利用地方文化资源有利于建构以人文素养为目的的课程体系;有利于焕发出融入灵魂深处的文化基因;有利于在文化的继承与发展中形成各自特色。在高校人文素质教育中,地方文化资源值得我们去发掘和利用。

利用就地取材法可以实施一种内容极为广泛、密切联系地方实际的有鲜明地方特征的人文素质教育。可依据当地的经济、文化、民族等发展需要,利用地方人文资源而开发,反映地方社会发展实际及其人才培养的需求,实现与学生的现实生活发生多方面的、多层次的联系。重建学生的精神生活,真正赋予学生生活意义价值,让学生成为学习活动的主体、个体生活的主体和社会活动的主体。

由于各地经济文化发展的不平衡和自然环境的千差万别,城市与农村、发达地区和欠发达地区的教育资源的拥有量也不相同。因此要尽可能就地取材,选择资源方向、确定指导力量、获得信息资源的途径,制定合适的办法。从贴近生活、贴近社会、贴近学生出发,丰富和设计教育资源,突出中华民族的优秀传统。同时从文史哲等方面精选学习主题,让学生在走进自然、走进社会、走进人生的过程中,学会正确处理个人与自我、个人与自然、个人与家庭、个人与社区、个人与学校、个人与国家、个人与世界的关系,逐步形成正确的人生观和价值观。

在此过程中可以开发、利用以下资源:地方人文资源,如文化古迹、革命历史遗址、风景名胜、民俗民风等;专业职能部门或机构的资源,如大专院校、科研机构、企事业单位的专家、学者、研究人员及相关设备等,实现多种资源的交融;文献资源,如电影、电视、广播、录音带、录像带等音像制品;社区文化机构资源,如博物馆的收藏品,书店、图书城的书籍、刊物、报纸等;科普教育职能机构的资源,如省市、地县(区)科协、学会的专家、青少年活动中心等校外教育基地的教师及设备等;大众视听传媒资源,如博物馆、体育馆、美术馆、文化宫、展览馆、公园等;电子信息资源,如计算机网络、多媒体课件等,实现资源共享。

在就地取材法的实践中,从第一课堂来说,可通过在人文素质课程体系中增加地方文化选修课,在编写有关人文素质课程的教材中利用地方文化素材,在人文素质课程教学过程中融入地方文化元素,以及鼓励和引导学生自主探究地方文化精髓等方式,让地方文化资源"进课堂"。从而优化人文素质教育课程结构,丰富教学内容。从第二课堂来说,可通过开展以地方风情为题材的书画、摄影竞赛和作品展,组织以民俗采风为内容的征文比赛和文学交流活动,将地方民歌、地方剧种搬上校园舞台等方式,让地方文化资源"进校园"。从而丰富校园文化内容,提高活动吸引力和同学们的参与热情。从第三课堂来说,可将社会实践活动和地方文化资源结合起来,开展"三下乡""四进社区"活动,有针对性地安排学生深入农村、深入地方、深入地方名胜古迹。面对既熟悉而又从未深究的地方文化,让学生去观察、考察、调查、体验、访问,为学生提供更为实际、更为真实的学习情境,将书本知识与学生生活、社会实际有机整合起来,操作起来既经济又简便易行。

实施就地取材法要求查阅相关资料,查检出有关地域人文、文化习俗等史料;走向社会调查访问、实地考察和上网方式收集材料,并对这些资料进行初步的筛选、摘录和整理;走访村镇中的老人、群众,了解相关古老传说和奇闻逸事。这样积累大量的直接或间接的资料,由于比较原始,需要对这些材料进行整合,使之与学生的实际和教学的实际相符合。将学生收集到的资源进行整理,并对这些资源按照一定的类型和逻辑顺序进行组合、整编和归类,使之更加有效和有序。通过这种手段,把来自各个渠道的资料加以考证、比较、增删等,以达到去伪存真,使之更具系统性。

第六章 人文素质教育的价值与功能

人文素质教育的价值与功能,源自对其教育对象未来角色作用的预知把握,更受制于社会经济、文化发展对人才的需求期待。人文素质的社会期望值通常与其所受的教育程度成正比关系;好的人文素质培养,在社会模型塑造中有着深层的建构意义。对个体来说,它是长大成人、明辨是非和推陈出新的前提;对社会来说,具有联接个体与社会,孵化素养为能力,在思想和知识之间培育文化自觉意识诸方面的功能。因此,明确人文素质教育的地位,探究人文素质教育的价值,发现人文素质教育的功能,便是在开展人文素质教育之前必须清楚明了的理论前提。

第一节 人文素质教育的个体价值

从根本上来说,人文素质教育和人的尊严确立有关,它是人类在安身立命过程中对自身价值的发现和肯定,在以艺术修养、人格气质和文化行为形态表现的面貌中呈现出来。因此,从教育的角度来说,人文素质教育区别于单纯知识性和技能性教育,在完成塑造人格方面,具有直接为教育目服务的性质。在人文素质教育的推广中,目前更多的是以通识教育的方式进行,使得人文素质和通识教育之间具有通约性。中国自古以来,以儒家文化思想为核心的人的教育就极其重视通识教育或说人文素质教育,其教育目的是为社会培育大量的后备人才,为国家意识形态服务。

其实,人文素质教育具有一种社会基础建构的意义,它更多地还是倾向于社会人的基本素质的培养。因为人文素质教育与国家人才培养目标之间是十分关联的:人文素质教育与国家教育方针的指向是一致的;人文素质教育与国家人才需求预期是契合的;人文素质教育对建设和谐社会的作用是积极正面的。这几个方面关系的妥善处理,是相关人文素质教育的教师在特定时代语境中必须注意的。因为从来就没有脱离开特定时代语境的人文素质教育,同样,反过来说,任何一个时代的主流意识形态,也必然要求其人文素质教育与其意识形态相协调,这是思考这一问题时的前提即时代语境要求。简单地说,人文素质教育离不开历史实践的具体面貌,从来没有抽象的人文素质教育,它与国家意识形态之间有着密不可分的关系,从而成为国家教育方针的一个重要构成方面,体现着国家意志。对国家意识形态建设来说,人文素质教育具有基础性的建构意义。

总而言之,人文素质教育的地位不仅是在学术和文化上看很重要,它直接关系到国家和民族精神的建构问题。当然,与国家意识形态密切相关的人文素质教育还必须最终落实在个体层面上,回答人文素质教育的个体价值问题。

一、成人的要素

从中国传统文化来看,也重视人的全面发展和完善。儒家士人的塑造,早在孔子那里,便以"君子"人格为核心来构建全面发展的人,特别是其中的"六艺",实际上便与今天所说的"素质"教育内容有异曲同工之妙。

在中华民族几千年来的文化积淀中,儒家倡导的人格理想极具人文要素,这集中体现在儒家士人人格的塑造上。翻开《论语》,随处可以见到这样的箴言隽语:"君子食无求饱,居无求安,敏于事而慎于言,就有道而正焉,好学也已。""君子喻于义,小人喻于利。""君子欲讷于言,而敏于行。""君子坦荡荡,小人长戚戚。""士不可以不弘毅,任重而道远。""君子成人之美,不成人之恶;小人反是。""君子忧道不忧贫。""不知命,无以为君子也;不知礼,无以立也;不知言,无以知人也。"在这些言论中,孔子实际上提出了儒家士人"成人"教育的内容。儒家士人人格的塑造,是孔子儒学建国思想的重要部分。作为国家管理的主体,对"君子"人格的要求是《论语》一书中的主要内容,"为人之道"与"为政之道""为学之道"共同构成了"论语三义"。其中,"为人之道"关乎主体人格的培养,是其他二义的承担者，具有更重要的作用。用今天的话来说，《论语》是一部关乎治国的书，它给出了书里面治国的主体"士人"君子该如何塑造自己的内容、方法和相关要求。而这些要求中，除了具体的策略外，大部分都是一种人文素质的内容，比如"仁"、比如"礼"、比如"诚"，这些范畴要求的都不是一般的技巧和技能，而是深层的人心塑造。由此可见，中国持续两千多年的儒家文化就是典型的人文素质教育，这种教育的内容，是和"成人教育"相关的。

二、明辨的前提

明辨是"成人"的理性要求，符合当代的时代特点。但是随着时代的变化，明辨的内容也在变化。不同的语境会造成人们判断事物、明辨是非的不同标准。而在当代中国正走向宏大的历史拐点之时，确立明辨能力的重要性及其在人文素质教育中的重要地位，就非常必要和及时。

而好的人文素质教育则极具明辨功能。因为人文素质教育是从人的完整性出发的教育，因此更注重每个人在现实生活中，特别是在群体社会生活中的位置，它有助于提高人们的认识能力，明辨是非。在中国，孟子强调了四端："恻隐之心，仁之端也；羞恶之心，义之端也；辞让之心，礼之端也；是非之心，智之端也。""四端"之说实际上给人树立了基本的底线，能在两千多年里起到教化人心、淳化民风的作用。

人文素质教育的目的不仅仅是对公德的常识性的认识，从更高的角度说是培养人具有思想的力量。

三、创新的基础

创新是引领世界的潮头，但并不是人类幸福的尺度。人文素质教育的目标则是要使得创新能够在"为人类谋求幸福"的尺度内开展。人文素质教育可以从技能上培训创新的基础能力，更要在智慧上使人懂得创新的意义，它可以给人以积极进取的人文精神和文史哲修养，激励人们不断创新。

（1）人文素质水平是创新能力的标志，它为创新指明方向。因为人文素质的目的在于人类的幸福,而在自然科学领域,创新则是科学与技术的更新,这种更新必须以人类的幸福为目标。所以,只有单纯的科学研究是不行的,历史上,发明原子弹的美国科学家奥本海默晚年对此曾有过深深的忏悔,正说明人文素质的终极作用。在人类历史上,正是那些怀有幸福观念的科学家,为了人类更加幸福而去努力创造,面对神秘的自然和外在世界思考和发明,在他们心中,这样的幸福观念乃是创新的根本动力。

(2)依附人文素质的综合能力,是创新的前提。在人文素质基础上产生的综合能力包括合作精神、心理素质、情感力量等,都是创新必不可少的前提。科学的创新,要避免过于冷漠的情怀;不善于合作,也难以有重大的发明创造。当代的科学发展日新月异,仅仅靠个人的力量是远远不够的。协调一个团队,共同完成一个目标,不仅需要知识,还需要集体意识和共同理想,需要情感的关怀和人性的同情、理解,在心理层面,更需要开阔的胸怀。在占有自然知识的前提下,音乐、绘画和文学艺术等都有助于培养科学家的敏感性,把握自然的奥秘。正像爱因斯坦拉小提琴一样,成为创新乐章中美妙的旋律。

(3)从国家和民族的角度来说,创新也需要民族情感和共同理想。任何一个人都无法脱离开他生存的土壤,民族情感是千百年来源于血缘的内在积淀,是无法割舍掉的亲情所在,也是人之为人的精神命脉,它会成为强大的创新动力。而爱国情怀和民族情结是人文素质的重要内涵,它天然地成为人文素质教育对创新能力的前提要求和内容。我们所熟知的波兰科学家居里夫人,从青年时代就远离祖国,到法国求学。但是她时刻也没有忘记自己的祖国,以自己祖国命名她发现的化学元素,这些都印证了人文素质教育的重要性。

(4)在具体个人修养层面,则需要注重四个素质:①道德素质,这是一个人最基本的素质。严格地说,它应该在儿童时期就要养成,而不能到大学阶段才进行培养,比如"讲究卫生""遵守公共规则""交往的礼节"等就是一个公民社会必备的要素。②智力素质,这是求知的能力,从知识的创新角度来说,基本的智力素质是必需的,它是一个人未来探索和研究的必要前提。这一素质包括一个人的智商、逻辑能力、语言表达能力、洞察力和艺术敏感力等。③身心素质即一个人的自然身体状况以及心理水平,在如今这个剧烈变化的时代,心理素质某种意义上甚至成为关键时刻的决定因素。在创新面前,尤其是技术创新面前,动手操作等实践能力尤为重要,它是一个人独立和健康发展的自然基础,也是创新的前提保障。④审美素质,这是决定创新水平高低的一个要素,说到底,创新都是为人服务的,是实现人的理想。所以,一定的审美素质是必需的,它对创新的结果有着情趣高低的意义。这四种素质和国家教育方针是一致的,"德智体美劳"发展全面的人就是教育的目的之所在。

关于创新的思考,一般来说还要注意:其一,创新不是一个绝对命令。不是什么事情加上创新两个字就具有合法性,以为有了创新就能解决任何问题。比如有些人以古朴为追求。这说明人文精神方面的幸福感和物质满足之间不是必然逻辑,而是应然逻辑,它和主体的心态有关。其二,创新不仅仅是技术层面的,它也包括精神领域的探索,特别是和人性密切相关的领域,也存在精神面貌的新体验;但是要特别注意的是这种体验必须和人类的幸福有关。其三,创新的手段和技巧与人们的认识水平和实践空间有关。所以,创新的外部语境非常重要,甚至可以说,创新是由其外部的刺激而出现的内部变化。

第二节 人文素质教育的社会价值

大学生作为未来社会的主要成员,担负着文化传承的责任。因为他们所受过的高等教育必然使其多了一份文化责任,以及不断提高劳动乐趣的义务。这就是大学生培养教育所具有的社会意义和社会价值。这种社会价值来源于和体现为社会需要。一个社会的稳定发展不仅来自经济的推动,而且来源于全体成员对这一社会的认同和参与程度。在个体与社会之间,社会成员的素质修养深层次地决定着个人与社会的和谐程度。因此,人文素质的程度水平非常重要,人文素质教育重要的社会意义也不言而喻。

从知识分子的角色地位来反思,已经由建制者的身份渐渐过渡到阐释者的角色,但是,公共知识分子实际上还具有时代意识形态建构的功能。考虑人文素质教育的社会价值,必然要从知识分子的信念与社会稳定、常识与社会进步和思想与社会批判入手。

一、信念与社会稳定

任何社会的稳定,都需要一个总体统一的价值观念和一个基本稳定的社会人群。从中国传统社会来看,儒家文化和士人绅士集团构成了中国古代社会稳定的基本要素。在当代,社会主义核心价值观和知识群体就起到稳定社会的作用。因此,信仰的建立是在社会价值观念层面要思考的重大问题。每一个社会都有建立在不同的经济模式基础上的主流与核心的价值规范,对于一个社会来说,信仰的稳定性决定着人们的认知水平和行为能力,也维系着社会的稳定。

大家知道,以孔子为核心的儒家价值思想建立在对周代制度建设的思考之上。人文素质的要素并不是一直不变的,在一定的历史时期,它的基本内涵与社会历史发展状况相关。在中国传统社会,儒家理想和价值观必然成为人文素质教育的内容。

这个急速转轨的时代,给人文素质教育提供了机会,使得人文素质教育有了相应的价值,这便是确立信仰的价值。其实,信仰是人文素质的一个组成部分,可以应用于对公民的塑造;同时它又是超越人文素质的,有着跨越时间、民族和历史的终极意义。毫无疑问,在信仰层面的管理和建构,能够使一个时代趋向稳定。

二、常识与社会进步

任何一个社会、时代都要有常识。常识是素质教育的一大主题。中国两千多年的旧文明建立在人伦与天伦统一和谐的常识判断基础上,中国人按照春夏秋冬的自然变化规律管理着人间社会,包括儒家士人借此机会渗透他们的思想影响。

第三节 人文素质教育的社会功能

人文素质教育的落脚点在于培养人,培养具有"文化自觉"能力的人。人文素质教育在这一方面担负着重要的任务,这也是人文素质教育的功能所在。

何谓"文化自觉"？结合中国传统文化精神的根本,可以认为文化自觉表现为一种对本民族文化、对世界文化的发自于内在心理的担当意识。文化素质教育从大处看关乎国家民族的前途未来,从具体微处着眼则与人的综合素质构成有关,涉及情感与价值取向、科学精神、科学知识与科学技能等问题。或可改变封闭、狭隘的内心,进行"心力"的换回,用独立自觉的文化判断去调整教育等,这都是人文素质教育的功能所在。而具体到大学生,人文素质教育将在协调个体与社会、明晰思想和知识以及醇化素养和能力等方面实现它基础培养的功能。

一、协调个体与社会

人文素质教育的一些基本元素有利于协调个体与社会的关系,更好地处理自我与社会秩序之间的矛盾。人类不同于一般动物的地方,在于人类的群体性和由群体而结合的社会属性,这一群体既是使每一个个体有所依托的靠山,同时也是使得每一个个体感受到压抑的力量。在个体与社会之间,这种既互利又互相挤压的现状要求从教育领域协调二者关系,人文素质教育正是解决这一矛盾的领域。

在"读书人"群体中,面对自我生命的幻化,他们也四处寻找。不说老子、庄子、孔子、孟子这些先贤们的道家、儒家思想,晋代诗人陶渊明为解决个人与社会之间的矛盾采取了"积极避世"的态度,渴望"采菊东篱下,悠然见南山",以回归自然田园的方式保持个人人格的独立。他的诗歌赞颂菊花,而菊花在传统文学和人格象征中都有了特定的意义,已经成为隐逸的象征,成为中国古代传统文人解决个体与社会矛盾的一种方法。宋代大文学家苏东坡感喟人生易逝,在《前赤壁赋》中提出:"寄蜉蝣于天地,渺沧海之一粟;哀吾身之须臾,羡长江之无穷;挟飞仙以遨游,抱明月而长终,知其不可乎骤得,托余响于悲风。"企图从化身自然中解脱生命,成为历代读书人的楷模。在苏东坡解读人生困惑的方法中,我们看到了中国式的文人心态,这种心态维持了在专制制度下生存的人们向往自由的尊严,尽管无法和现代公民意识相比,但却是那一时代一种比较妥善的解决之道。即便是在今天,苏东坡的解决之道仍旧成为很多人的生存志趣,正如林语堂的描写,它已经内化为民族的精神元素,不断滋养着这块土地上生存的人们。

人文素质教育所着力培养的个体意识它一定和家国关怀密切相联,是文化精神的传承,其间暗含着文化命脉的延续与自觉。在此基础上的个体与社会的关系,就不再是一种对立的关系,而是一种协调的关系,同化、协商、谈判、妥协等多种因素都在其中,最佳的结果并不是彼此的毁灭,而是"讲和",这就是人文素质教育的功能之一。

二、明晰思想和知识

知识传授与思想倾向是不能分解的。也就是说,单纯的知识传授不能决定知识使用的方向,因此人文素质教育的功能也在于明晰思想与知识的分合关系。对于每一个个体来说,知识的获得需要记忆和一定的身心感受能力和思维能力;而思想的获得则源于自由的愿望、自我意识的强度和群体社会的责任观念。在思想和知识之间有时会产生矛盾。知识具有客观性,随着人类认识水平的提高,知识的面貌存在更新。过去认为是对的知识,由于时间、空间和人类研究能力和手段的提高会发生变化,比如从普通物理学到量子力学,到宏观物理学;有时甚至是本质的变化。

人文素养则不同。放在历史的层面就会发现,在思想和知识之间,人类的前进道路是在鲜花和荆棘丛中走到今天的,思想和知识也都是处于发展和变化中,需要细致地剥离缠绕其中的情绪的、感性的认识,看到二者统一和矛盾的方方面面,为今天的思考服务。

首先,知识体现为一种结果,它为思想提供依据;而思想是一种思维和判断,它要反思知识的面貌、评价知识的水平和意义。人文素质更多的是为探求知识提供原动力,为恰当的思想提供人性的标准和思维的基础要素,包括自由倾向、感觉能力、逻辑能力等,人文素质教育的深化有助于在不同方面促进二者的发展。对于知识提高来说,人文素质的培养将注重思维能力、求异能力、抽象能力等,在思想培养上,人文素质教育将发展人类的判断力、批判力和反思能力。

其次,人文素质教育还有助于提高思想的水平和寻求知识的能力,明晰二者的不同作用。在人类历史上,思想仿佛灯塔,指引着人类前进的方向,包括知识寻找的方向,而人文素质教育将在人文的意义上强化这一观念,特别是自由的观念。

总之,在人才培养中,人文素质教育有助于一个人的全面成长,它从人性深处出发的自主意识、求异的反思思维模式、感性的判断力都将有助于一个人思想、素养的提高,促进个体与社会的协调发展,也促进知识和思想趋于完善。

三、醇化素养与能力

醇化是指更纯粹,达到美好而圆满的境界。作为人生修养的人文素质教育,对自我发展,特别是处理素养与能力的关系具有相应的功能。在此,如何醇化素养与能力是需要思考的一个问题。要达到醇化,就要在素养和能力之间协调到最佳境界,对于一个人来说,有素养未必有能力,有能力也未必素养非凡,醇化好二者之间的关系就显得特别重要。

首先,单纯的知识教育有可能使受教者拥有非凡的能力,恰当的人文素质教育,应有助于协调受教者平衡素养与能力的关系。这里的素养特别是指身心修养方面的人文素质,也指在人类精神生产产品方面的修养。尤其是在今天科技理性大力强调的时代,要加强人文理性的关怀,比如对理想、价值观念、美的追求等的关注。从具体形态上说,比如艺术、音乐、绘画等,在人才培养中,要把综合素质的熏陶与知识教育结合起来进行,避免人才结构的单一化,避免人才培养的单面化。

其次,在人文素养方面,进行更加细密的培养,能够更好地醇化人文素养与能力的关系,要向人文要素的深处开掘。比如,音乐训练不仅是要对受教者进行音乐作品本身的感受,而且更是在这一训练中培养感受能力;文学素养教育也不是单纯为了培养受教者去阅读和写作,更是要培养阅读者在阅读和写作中的精神提升。能力的深处是人的整体感觉,在进行人文素养训练中,从表层看是在进行具体的精神产品形态的熏陶,深层则是对蕴含在这些产品形态中的思维方式、认识方式、价值观念和感觉方式的培养,而这些方式,将成为能力转化的内在动力。

再次,人文素养有助于生活面貌的改变。在此基础上,将会大幅提升人们认识的敏感性,影响人们对生活方向的选择,从而转变其能力提升的前进方向。特别是在人文科学、社会科学与自然科学研究的不同领域,人文素养会有助于主体把握能力努力的正确方向。比如人与自然的关系,过去强调人征服自然、改造自然,造成了大量的生态失衡,但是近些年来,人们努力的方向转向了环保领域,开始保护自然。这一认识的转变,表层看是人类对自然灾害的反思,认识到了人对自然破坏的危机,深层却涉及人与自然关系的改变,中国传统"天人合一"、人与自然相协调等观念逐渐受到重视。

第七章 汉语言文学与人文素质教育的深度融合

第一节 汉语言文学中人文素质教育的重要性

长时间以来,汉语言文学作为我国重要的语言文学教育学科,一直受到高校汉语言文学教师的高度重视,在培养大学生综合素质、促进大学生全面发展方面发挥着极其重要的作用。在汉语言文学中渗透人文素质教育则能够在完成基础知识传授的同时,对学生的思想价值观念加以引导,逐步培养学生形成正确的社会意识,使之能够客观地看待社会相关现象,为学生正确价值观的树立以及学生的未来发展提供相应的保障。

一、有利于学生综合素质的培养

我国高校汉语言文学的教学目标一般是向学生传授相关汉语言文学知识,希望学生经过系统的学习能够掌握扎实的理论基础,并且受汉语言文学的影响养成良好的文学素养和人文情怀,为学生未来的发展奠定基础。因此在汉语言文学教学中渗透相应的人文素质教育,能够让学生在掌握基本专业知识的基础上,受到经典文学的良性影响,在提升人文素养的同时,自身分析问题和解决问题的能力可以得到相应的强化,辩证思维能力和发散思维能力也可以得到显著的增强。促使学生的社会竞争力逐步提升,为学生未来获得良好的社会发展提供坚实的保障。

二、陶冶情操,提升学生的精神境界

汉语言文学教学本身涉及一定的文学教育,在其中渗透人文素质教

育能够促进汉语言文学教学的人文性得到充分的发挥,进而促使学生的文化艺术审美能力得到一定的强化,为学生精神境界的提升提供相应的保障。具体来说,就是在汉语言文学教学中渗透人文素质教学,能够以典型的形象、优秀的历史人物事迹等,对学生实施潜移默化的思想影响,并以优美的文学语言陶冶学生的情操,促使学生在学习的过程中对文学、艺术以及人生观和价值观等,形成更为深刻的认识,进而有效地提升学生的精神境界,为学生的健康发展创造条件。

三、满足和谐高校的建设需求

由于在汉语言文学教学中适当地渗透人文素质教育,可以对学生的人文素养加以培养,能够引导学生树立正确的人生观和价值观,促使学生以客观公正的眼光看待问题。因此学生经过良好的人文素质教育,在面对社会相关问题和学校教育问题的过程中能够冷静分析,科学处理。简而言之,就是受人文素质教育思想的影响,学生可以正确处理学校学习和生活中的各项问题,并与教师和其他学生构建良好的关系。这对和谐高校的建设也产生着积极影响,在一定程度上满足了新的时代背景下和谐高校的建设需求,因此受到高校教育管理部门的高度重视。

第二节　加大汉语言文学教育力度的举措

一、选择优秀教师任教

课程教学质量的好坏在很大程度上取决于教师教授水平的高低,同一篇文章由不同的教师讲述产生的效果是不一样的。汉语言文化教育本身不仅要求教师自身的文学素养要够高,且对文字有很好的驾驭能力,这对教师的教学能力也是一种考验。选择优秀教师任教能够带动学生的学习积极性,增进课堂气氛,在其渊博的学识下对整个课堂也就有更好的控制能力。在一些高等学府,大学语文这门课都是由大师级人物来讲授的,而且这门课一直被认为是最受重视且要求最高的课程,学生在大师的带领下畅游文学天地,对自身文学素养的提升有很大的帮助。

二、合理取舍教材内容

大学语文作为一门选修课,因课时有限所以需要对相关篇幅做出取舍,究竟怎样选择最佳的方式应该将权利留给学生,让学生选择自己感兴趣的篇章进行讲解。在课堂讲解中重点加强对有感染力、启发性文章的讲解,尽量激起学生的学习欲望,通过选择合适的科目也可以让学生和教师之间更好地互动,增进课堂的交流,活跃课堂气氛,在轻松的环境中强化学生的人文素质的教育。

教学内容是教学目标的主要体现。教学内容的合理筛选应能够确保汉语言文学教学的实际作用,促进学生人文素质的提升。汉语言文学是大学汉语言文学教育中的重要科目,汉语言文学范围较广,涵盖内容较为全面,为保证实际教学效果,必须有针对性地进行筛选和增添。首先,汉语言文学教学内容应该尽量满足学生的兴趣和需求,按照学生兴趣和爱好进行教学内容的筛选,以提升学生的学习积极性。同时,汉语言文学的教学内容应该选择较为经典且积极的、寓意深刻的文章,并且能够对学生产生较为积极的影响。在实际教学的过程中,教师也应该加强对知识的渗透,课堂上做好相关知识的补充及延伸,在帮助学生掌握相关教学重点的同时,丰富学生的知识面,加强对知识的巩固,使学生能够从中得到积极的影响,为学生树立正确的价值观念。

三、改革考试方式

大学语文考试适宜使用灵活多样的方式进行,适当采取多样形式进行,比如通过平时的上课学习程度及最后的掌握程度综合的方式,灵活使用诸如在课堂上回答问题的次数、读书笔记,以及最后课程结束后的学习后心得等,综合评定学生的掌握能力。并且不必非要严格按照分数来划定成绩不可。可以采取分级的形式,分为甲、乙、丙或者 A、B、C 登记成绩,学生之间成绩差异不应太大,在心理上也能起到很好的平衡作用。

四、积极开展教学活动,培养学生健全的人格

在实际教学过程中应该加强对教学活动的设计,为学生培养健全的人格。比如,有的大学生在人际交流方面存在一定的困难,有的大学生语言表达能力有待提升,且与人沟通困难,内向的性格使得学生的发展受到很大限制。为此,在汉语言文学教学中,教师可以多组织一些教学活动,比如演讲比赛、诗词比赛以及场景教学等,让学生主动去开展相关的交流活动,在学习和知识巩固的过程中去交流和沟通,消除学生的不良心理问题,促进学生的健康成长。

总之,随着大学生人文素质教育越来越受到重视,汉语言文学教育将在对学生人文素质引导和提升上作出更多贡献,高校要加大对该类课程的投入力度,争取能够通过汉语言文学教育培养出更多、更优秀的高素质人才。

第三节 汉语言文学与大学生人文素质教育的关系

汉语言文学之所以被列入高等教育中的重点教学科目,是因为它对学生表达沟通的训练、文化底蕴的积累以及个人素质的培养都有着一定的影响,也就是说汉语言文学对大学生综合素质的培养与提高有着非常关键的作用。大学生通过对汉语言文学的学习可以更好地领悟和感受中华文化的精髓与本质,这种人文素质将是他们未来生活中的一种精神力量,也是在这种力量的引领下,大学生才能够拥有正确的世界观、人生观与价值观。

21世纪,国家提出了人才强国的战略计划,也对人才有了更准确的定义和更高的要求。人才是指那些不仅具有高水平的专业技能,还拥有较高的人文素质的人群,具体来说,人才首先应该是一个具有正确的世界观、人生观、价值观的人。大学生作为国家的重点培养对象,作为人才的

后备军,高校更应该重视对其进行人文素质的培养。

一、大学生学习汉语言文学的意义

(一)提高大学生的综合素质水平

汉语言文学的课程进入大学生的教学体系当中,首先是为了让学生对中华经典文学方面的内容有一个较为系统性的认识和掌握。大学生作为即将步入社会的一代人,他们即将成为整个国家的主要劳动群体,承担着为祖国的发展、为中华文化的传承贡献力量的使命,而了解中华经典文学是完成这个使命首先应具备的条件。为祖国贡献自己力量的这种精神理念是大学生综合素质中的一部分。其次,大学生学习汉语言文学也是为了在整个社会不断变化发展的情况下,培养学生适应时代变化的人文素养。随着教育改革的不断推进,大学不断进行扩招型的项目,大学生也越来越多,大学生数量的增长速度远高于社会岗位需求数量的增长速度。在这种大环境下,公司在对大学生进行招聘与录用时对其提出了更高的要求,不仅要具备扎实的专业技能,还需要具备一定的综合素质,包括大学生在校期间参加的学校性的活动、参加的社会性的活动、是否担任学生干部、参加的竞技性比赛、社会面貌等。汉语言文学的课程之中,根据教师提出的一个观点,学生可以尽情地发表自己的看法与见解,大家之间相互交流与讨论,这种课堂状态可以有效提高学生的语言表达能力和分析问题的能力。教师布置的写作性的作业,学生不仅对所学的知识进行进一步的归纳与总结,更是对自己的文字写作功底的一种培养。综上所述,对大学生进行汉语言文学的教学能够提高其综合素质水平。

(二)培养情怀,陶冶情操

随着我国科技的创新与新经济的发展,人们生活水平显著提高,人们对日常生活的追求不再局限于吃饱与穿暖,而是开始注重生活质量的提高。而高品质的生活是人们自身的人文情怀与情操的一种外向性的表现,这种理念素质上的培养对即将步入社会生活的大学生而言是十分重要的。在汉语言文学的课堂上,学生阅读一些优秀的文学作品,从深沉的文字中感受到一个时代、一个地区或者某一个人的历史过往,对各个时期的社会背景以及经济状态在自己的脑海中进行还原与比对。同时透过这些文字感悟到民族的一种精神、历史文化的一种积累,还有关于生命与生活的感悟。这种人文素养的培养有助于大学生拥有一个积极向上的生活情绪,特别是对那些对即将步入社会而感到迷惘的大学生来说,这种积极的情绪使他们怀揣着热情去生活,也使他们拥有了直面生活中不如意的境况的勇气。

二、大学生人文素质教育的未来

(一)重视对学生人格的培养

各大高校应充分意识到对学生人格培养的重要性,以及语言文学的教学与大学人格的积极作用。具体的有效措施是,学校应该积极地举办一些具有教育意义的关于人文素质培养的活动。例如,院系之间的辩论赛、相关单位举办的模拟校园招聘的活动、法学院举办模拟联合国法庭等,同时可以成立相关的社团,社团下设的主席团、外联部、秘书处、活动部等,学生可以根据自己的意愿选择加入的部门。这种相互交流以及团队配合的活动能够有效地调节学生的心理问题,同时提高其综合能力。

(二)对教学内容和方式进行改进

针对上文所述的目前大学生人文素质教育存在教育方式方面的现状,国家相关教育部门以及各大高校应该联合进行分析与研究,对目前的教学内容进行重新修订,对当前的教学方式进行创新。首先,关于教学内容方面的修订,教学内容的设定应紧紧围绕教学的目标进行展开,所以教材中仅仅涵盖文学类的知识是无法达到教育目标要求的,相关部门可以结合教学实际对目前的教材内容进行合理的筛选,并科学地添加相关扩展性的知识;其次,关于教学方式方面的创新,高校应该引进先进的教学设备,增强大学生对汉语言文学知识的好奇心,达到最好的教学效果。

(三)创造良好的大学生的生活环境

培养大学的良好人文素质一个重要的辅助条件就是一个良好的校园

环境和氛围。良好的校园环境是一种无形的力量,培养学生积极向上的学习和生活的态度,也有助于身边优秀的学生以及教师对需要提升的学生进行帮助和指导。

随着社会的不断发展与进步,社会对即将步入社会的大学生提出了更为全面性的要求,不再单纯地以学习成绩来对学生进行衡量,更多地是对学生综合素质进行衡量与判断。首先,从这种社会大背景以及目前大学生初入大学校园的现状来说,通过对汉语言文学的教学来提高大学生的人文素质是十分必要的;其次,大学生作为国家培育的重点对象,人文素质教育的进行不仅有助于大学生提高自己的生活质量,而且对国家未来的发展也具有重大的意义。

第四节　人文素质教育与汉语言文学教学的融合及对策分析

汉语言文学是我国重要基础学科,在高校教学中具有重要地位和教学意义。将汉语言文学与人文素质教育进行融合,可以培养学生综合素质,增强学生的自主学习能力,丰富学生爱国情怀。

加强对大学生的人文素质教学有助于弘扬传统文化,对培养学生的品德和品质具有十分重要的作用。因此,高校一定要重视培养学生的人文素质,高校担负教书育人的重要使命,是培养和孕育人才的"摇篮",不仅要培养学生的专业技能,还要培养学生的德育品质,这种教学模式也符合我国当前提倡素质教育的教学目标。随着我国的发展壮大,汉语言文学作为具有我国代表性的学科,越来越受到国家的重视。国家提倡激发学生自主学习能力和学习兴趣以及创新能力,让学生在学习过程中感受到自然之美、人文之美,增强学生的民族自豪感和语言亲切感。如何改善传统教学模式,培养学生发展综合素质是我国教育面临的重要改革问题,也是国家和社会重点关注话题。"少年强则国强",只有培养一批坚定不移,具有中国特色的社会主义事业接班人,才能更好地建设国家。

一、人文素质与汉语言文学融合的重要性

(一)有助于培养学生的综合素质

在汉语言文学中融入人文素质教育,不但可以加强学生对课程方面理论知识的学习和了解,还有助于提升学生的人文素养和道德品质,从而引导学生形成正确的价值观念,学生的世界观、人生观、价值观。不仅如此,让学生在汉语言文学中接触更多人文相关的作品,组织一些艺术交流会,有助于建立学生和教师的沟通交流平台,构建和谐师生关系,在沟通交流中开阔眼界、强化创新思维意识,从而培养学生的综合素质。

同时,随着社会的发展,许多用人单位和企业对人才提出更高的要求,高校毕业生不但要具备专业技能,还应具有良好的品德和综合素质。将汉语言文学与人文素质进行充分融合,能增强学生创新思维和创新意识,使学生学会表达自己,提高学生的语言表达能力以及思维运用能力。

(二)有助于培养学生的人文情怀

精神文明是人类的起始点。人类之所以与其他动物不同,就是因为拥有较高的文明程度和道德水准。高尚的道德情操和人文素养是人类的必备品质。将人文素质和汉语言文学进行充分融合,不仅可以培养学生的情操,有助于培养学生的人文情怀,还有助于传播传统文化。建立良好的教学氛围,有助于培养和熏陶学生的道德情操。学校可以定期举办文化交流会,观看一些优秀的文学作品和一些传统文化节目,在观看的过程中交流、分享经验,从而提升学生和教师的人文素养,并可以在观摩过程中提升师生的审美能力。

(三)有助于学生进行自主学习

教学改革要求在教学中充分尊重学生的主体地位,而在汉语言文学中融入人文素质教育,就可以在丰富教学内容的同时,提升教学的趣味性,从而激发学生创新思维,使学生热爱汉语言文学,增强学生在教学中

的主体地位。用人文内涵唤醒学生的思想内涵,让学生在学习汉语言文学的同时产生情感共鸣,提升学生的人文素质,也使学生充分感受到中华文化的魅力,在学习中培养人文素质,并增强对汉语言文学的学习,使学生全面综合发展,更好地适应社会需求。

二、人文素质教育与汉语言文学融合的意义

在当今社会,人文素质教育和汉语言文学作为两大教育领域,各自承担着重要的教育使命。人文素质教育注重培养学生的人文素养和综合素质,旨在培养学生全面发展的人才;而汉语言文学则是承载着中华文化精髓和智慧的重要学科,是培养学生语言表达能力和人文素养的重要途径。

人文素质教育与汉语言文学的融合意义在于,通过将二者结合起来,可以实现教育资源的优化整合,促进学生综合素质的提升。人文素质教育注重培养学生的人文精神和思维能力,而汉语言文学则是对人文精神和思维方式的最好体现。二者的结合,不仅可以丰富学生的知识层次和文化底蕴,还可以培养学生的审美情操和人文情怀,使学生在学习和生活中更具人文关怀和情感温度。

人文素质教育与汉语言文学的融合意义在于,可以促进学生综合素质的全面发展,提升学生的人文修养和文化素养,培养学生具有人文关怀和情感表达能力的优秀人才。这不仅符合现代教育发展的趋势,也符合人才培养的需要,为构建和谐社会和实现中华民族伟大复兴提供有力支撑。

人文素质教育对提升汉语言文学的重要性不可忽视。人文素质教育注重培养学生的人文精神和价值观,让他们具备更深层次的思考能力和情感表达能力,这对于学习和理解汉语言文学是至关重要的。只有通过人文素质教育的培养,学生才能更好地理解和欣赏汉语言文学作品中蕴含的人文情感和文化内涵。

人文素质教育能够激发学生对汉语言文学的兴趣,让他们更加热爱和投入学习。通过人文素质教育的引导和培养,学生能够在汉语言文学

的世界中感受到美的力量,体验到语言的魅力,从而更加努力地钻研和探究。这种兴趣和热情的培养,将极大地促进学生在汉语言文学领域的成就和进步。

三、人文素质教育与汉语言文学的融合对策

(一)重视学生人格培养

就汉语言文学教学现状来看,部分教师因受传统教育理念的影响,存在"重智育,轻德育"的问题,忽视对学生的学生培育,使得学生虽然掌握汉语言文学理论知识,但是无法对其进行整合与应用,难以实现学生自身的可持续发展。因此,若想实现人文素质教育与汉语言文学的有效融合,则需要教师及时更新自身的教育观念,重视对学生的人格培养。具体来说,教师要以培养学生健全人格、提高学生思想道德修养为己任,将理论知识讲解与实践能力培育放在同等重要的位置上,开展内容丰富、形式多样、综合性较强的教学活动,鼓励学生积极参与,主动思考。与此同时,教师要加强对学生的心理健康教育,与学生建立沟通交流机制,关注学生的心理问题,引导学生掌握缓解情绪压力的正确方法,为学生的健康成长奠定基础。

(二)加强提升师资力量

教师的专业水准和教学能力会影响学生的最终学习效果。因此想要培养学生的人文素养,一定要提升汉语言文学教师的专业素养和教课能力。"近朱者赤,近墨者黑",只有汉语言文学教师本身具有较强的文学知识和人文素养,并对汉语言文学具有深刻理解,可以灵活运用语言和文字培养学生的文学性和人文素养,才能使学生热爱汉语言文学,从而培养学生的人文素质。所以教师要在日常生活中不断学习汉语言文学知识,提高自身文化修养。学校也要定期组织培训汉语言文学教师,在创建教学团队时也要选择高素质教师和人才,引进先进师资队伍,并通过举办一系列技能比赛,促进教师和教师间的交流,切实提升教师的专业水平和教学能力,加强对基础教育工作者的重视。同时,学校要定期邀请汉语言文学

方面的专业教授,使汉语言文学教师可以定期进修,以此提升汉语言文学教师的人文素养,更好地培养学生,拓展学生的知识内涵,使学生在学习汉语言文学的同时,培养自身人文素质。

(三)及时更新教学结构

汉语言文学本身内容庞博,因此,想要将人文素养与汉语言文学相融合,就要对教材内容进行取舍,及时更新语言文学结构,适当加入一些人文素养方面的教材。在教材的删减过程中,首先,注意选择可以提升学生兴趣的内容,或是具有深刻内涵的文章,从而有助于培养学生的人文素质。其次,在教材的删减过程中,要注意增加的内容与当下社会相符,保证在培养学生时可以更好地教导学生适应社会发展,促进人文素质的提升。只有具有较好的人文素质的学生,才能成为建设国家的中坚力量。

(四)开展教学实践活动

教师要及时更新自身的教学观念,在重视课堂上汉语言文学理论知识讲解的同时,还需要开展内容丰富、形式多样的实践活动,如演讲辩论、话剧表演、诗歌朗诵、文学创作等。提高学生人文素养的同时,为学生提供展示自我能力的机会,鼓励学生积极交流、团结协作、解决问题,这对学生合作精神的培育大有裨益。在汉语言文学教学实践活动当中,学生会深刻认识到汉语言文学在现实生活中的重要性,感悟汉语言文学的实用价值,极大程度上提高学生的学习热情。与此同时,学生通过自身的亲自参与、主动思考、动手实践可以及时解决活动中出现的问题,快速适应周围环境,这对学生实践能力、创新能力、解决问题能力、社会适应能力的培养均具有极为重要的现实意义。由此可见,利用汉语言文学特点开展实践活动在提高汉语言文学教育水平的同时,还可以达到培养学生人文素质的目的,可谓是"一举两得"。

(五)打造优质人文环境

优质良好的人文环境可以为人文素质教育与汉语言文学融合创造有利条件,对二者的深入融合具有不容忽视的推动作用。因此,在汉语言文学教育过程中,教师要尊重学生的主体地位,树立以生为本的教学理念,加强与学生的沟通交流,以平等、尊重的心态对待学生。对于学生提出的问题,教师要予以耐心的解答,以引导启发的方式帮助学生分析问题、解决问题,建立和谐师生关系。教师在关心学生汉语言文学知识学习情况的同时,还需要关注学生的日常生活、心理健康状况,从多个层面了解学生,善于发现学生在日常生活学习中的变化,做一名"有心人",这是优质人文环境建立的基础。此外,教师要引导学生结合生活实际、亲身经历,深入体会汉语言文学内容,激发学生的学习主动性和积极性,培养学生主体意识,最大限度地挖掘学生自身潜能。

人文素质教育与汉语言文学融合是教育改革的内在要求,对学生人文素养的提升、汉语言文学学习积极性的强化、综合能力的培育具有良好作用。因此,高校要正确处理人文素质教育与汉语言文学间的关系,通过重视学生人格培养,高效整合教育内容,优化教师队伍结构,开展教学实践活动,打造优质人文环境等途径实现人文素质教育与汉语言文学的融合,逐步完善学生汉语言文学知识体系。引导学生树立正确的三观,提高汉语言文学教育水平,实现真正意义的素质教育,为我国社会主义现代化建设提供高素质复合型人才。

参考文献

[1]王玥.汉语言文学教育与教学方法的创新研究[M].延吉:延边大学出版社,2022.

[2]苏洪.汉语言文学的理论与发展研究[M].长春:吉林出版集团股份有限公司,2022.

[3]付艳红.现代汉语言文学研究与探索[M].延吉:延边大学出版社,2022.

[4]莫海斌.现代汉语文学十一讲[M].广州:暨南大学出版社,2022.

[5]屠爱萍,钱多.汉语句子教学与研究[M].长春:长春出版社,2022.

[6]潘伟斌,何林英,刘静.现代汉语言文学研究的多维视角探索[M].长春:吉林大学出版社,2019.

[7]李红霞.中国古典诗词名篇选读[M].广州:广州中山大学出版社,2022.

[8]张红灵.汉语言美学欣赏与文学写作研究[M].长春:吉林出版集团股份有限公司,2021.

[9]杨联芬,张洁宇.中国现当代文学作品精读[M].北京:中国人民大学出版社,2022.

[10]赵勇,魏英.文学与大众文化导论[M].北京:北京师范大学出版社,2022.

[11]张充.汉语言文学理论与实践教学[M].北京:中国原子能出版社,2022.

[12]佟玮.汉语言文学的发展和教学研究[M].北京:中国原子能出版社,2022.

[13]张红运,赵静.中国古代文学作品选[M].郑州:郑州大学出版社,2022.

[14]和勇.汉语言文学专业课程教学研究[M].昆明:云南大学出版社,2021.

[15]蔡红亮.中国古代文论选读自学指导[M].苏州:苏州大学出版社,2022.

[16]伍清玲.多维度视域下的汉语言文学研究[M].北京:中国纺织出版社,2023.

[17]胡蜀鸽.现代汉语言文学的多维视角研究[M].长春:吉林出版集团股份有限公司,2023.

[18]青文婷.汉语言文学基础与课程教学研究[M].长春:吉林文史出版社,2023.

[19]韩莉.汉语言文学知识与中国传统文化传承研究[M].长春:吉林出版集团股份有限公司,2023.

[20]杨卉,武珺.汉语言文学理论与实践多维透视探索[M].北京:北京燕山出版社,2023.

[21]陈露,郭长荔,张杨.汉语言文字理论与应用研究[M].长春:吉林出版集团股份有限公司,2023.

[22]邹赞,金蕊,李圃.新文科与汉语言文学专业毕业论文写作[M].广州:暨南大学出版社,2023.

[23]韩维志.汉语言文学经典研读[M].武汉:华中师范大学出版社,2023.

[24]苏洪.汉语言文学的理论与发展研究[M].长春:吉林出版集团股份有限公司,2022.

[25]蒋福建.当代高校汉语言文学课程教学研究[M].长春:吉林出版集团股份有限公司,2021.

[26]汪淑霞.中国传统文化传播和汉语言文学教学研究[M].长春:吉林

出版集团股份有限公司,2021.

[27]朱峰.汉语言文学教学及其人才培养研究[M].长春:吉林文史出版社,2021.

[28]刘明静,黄毅,陆青.当代汉语言文学研究及文学鉴赏能力培养[M].沈阳:辽海出版社,2020.

[29]王西维.汉语言文学与大学生人文素质教育[M].长春:吉林人民出版社,2019.

[30]李玉平.郑玄语言学研究[M].北京:中国社会科学出版社,2018.